Benjamin Gies

Impulse zum Auftanken

Benjamin Gies

Impulse zum Auftanken

Gott beschenkt dich mit Gutem

EDITION WORTSCHATZ

Druck und Bindung des vorliegenden Buches erfolgten in Deutschland

MIX
Papier aus verantwortungsvollen Quellen
FSC® C083411

Die Deutsche Bibliothek verzeichnet diese Publikation in der Deutschen Nationalbibliografie; detaillierte bibliografische Daten sind im Internet über www.d-nb.de abrufbar

Umschlaggestaltung: spoon design, Olaf Johannson
Umschlagabbildung: Avery Klein; Jazmin Quaynor/Unsplash.com
Satz und Herstellung: Edition Wortschatz

Edition Wortschatz, Sauerbruchstraße 16, 27478 Cuxhaven
ISBN 978-3-943362-71-8, Bestell-Nr. 588 971

www.edition-wortschatz.de

EDITION WORTSCHATZ

Inhalt

Vorwort

Als ich WhatsApp für mich entdeckte, was nun schon einige Jahre her ist, schaute ich mir die Statusmeldungen an, die Leute posteten. Von Beeindruckt sein bis zum Gefühl der Fassungslosigkeit und dem Gedanken: „Das hat die Welt nun wirklich nicht gebraucht“ war alles vorhanden. Ich überlegte, ob ich mich einreihen sollte in das Statusspiel. Und wenn ja: Was habe ich weiterzugeben?

Da ich Pastor bin, gerne predige und mich mit biblischen Texten beschäftige, war es naheliegend, Bibelverse auszuwählen und diese kurz zu kommentieren. Aus dieser Idee sind mittlerweile hunderte kleiner Andachten entstanden. (Fast) täglich können meine Kontakte einen kleinen biblischen Leckerbissen erhalten und lesen. Die Zusammenstellung in diesem Andachtsbuch ist eine Auswahl aus den Texten der vergangenen Jahre.

Immer wieder haben Menschen mich ermutigt, diese Andachten in Buchform herauszugeben. Es waren Leute, denen die Texte guttaten, die in ihr Leben hinein sprachen. Dadurch erfuhren sie Hilfe für ihren Lebensalltag und ihre Beziehung zu Gott.

Ich freue mich darüber, dir diese Andachten zugänglich zu machen, und wünsche dir, dass du erfährst, wie Gott dich anspricht und dich mit Gutem beschenkt.

Dieses Buchprojekt wäre nicht möglich geworden, wenn es nicht einen Kreis von Menschen gegeben hätte, die es durch ihr Gebet und durch ihre Spende mitgetragen hätten. An dieser Stelle möchte ich all denen danken, die zur Herausgabe dieses Buches beigetragen haben.

Ich danke meiner treuesten Leserin: meiner Frau Danny. Sie hat mich immer wieder ermutigt, weiterzuschreiben, auch wenn ich manchmal entmutigt war und mich fragte, ob meine Beiträge wirklich notwendig sind. Danke für deine Gebete, deine Mut machenden Worte und deine Liebe!

Und ich danke Jesus. Denn er ist es, der mich täglich mit Gutem beschenkt. Als mein Weg mit ihm begann, ahnte ich nicht, wie spannend dieser Weg sein würde. Ich bin ihm dankbar für alle Erfahrungen, die ich bisher mit ihm machen konnte. Er beschenkt mich mit Gutem. Danke, Jesus!

1.

PSALM 103

Gott beschenkt dich mit Gutem

Loben zieht nach oben

„Lobe den Herrn meine Seele, und was in mir ist, seinen heiligen Namen ..." Psalm 103,1

„Loben zieht nach oben." Diesen Satz habe ich als Kind des öfteren gehört. Ich kann nicht sagen, was genau ich empfand, aber ich konnte lange nichts damit anfangen. Zu floskelhaft, zu einfach, zu pauschal. Heute kann ich diesem Satz durchaus etwas abgewinnen. Beginne ich damit, Gott zu loben, das heißt, Gott über meine Probleme zu stellen; zu bekennen, dass er größer, mächtiger und stärker ist, fokussiere ich mich auf Ihn. In dem Bekenntnis der Größe Gottes liegt Kraft. Mit Lob setze ich einen Gegenpol zu den Herausforderungen des Lebens. Die sind nicht weg. Aber sie bekommen Konkurrenz. Lob verändert mein Denken und in der Folge meine Reaktionen auf Alltagsprobleme. Loben zieht dich in die Dimension, in das Denken und in die Möglichkeiten Gottes hinein.

Wenn du Zeit findest, lies 2. Chronik 20. Hier findest du einen, der Lobpreis in Herausforderungen praktiziert hat.

Danken schützt vor Wanken

„Lobe den Herrn, meine Seele, und vergiss nicht, was er dir Gutes getan hat." Psalm 103,2

Gestern sprachen wir über das „Loben zieht nach oben". Der Spruch geht so weiter: „Danken schützt vor Wanken." Dankbarkeit schafft ein Gleichgewicht zu den Herausforderungen des Lebens. Diese können dich niederdrücken, so dass du richtig am Boden liegst. Gott will deinen Blick auf das lenken, was er dir alles geschenkt hat. „Lerne, für die Kleinigkeiten des Lebens dankbar zu sein, dann schaffst du es auch für die Großen." Heute bist du aufgestanden, kannst dich bewegen, atmen, gehen, essen … Du hast ein Bett, in dem du liegst, ein Dach über dem Kopf, eine Arbeit, Menschen, die dich lieben und die du lieben kannst … Diese Liste kannst du weiterführen.

Ich kannte eine Frau, die sehr krank war und trotzdem ein Dankbarkeitsbuch führte, in das sie jeden Abend hinein schrieb: „Vergiss nicht, was er dir Gutes getan hat." Drücke deinen Dank vor Gott aus.

Lies heute Psalm 104.

Unperfekt

„Der dir alle deine Sünde vergibt…" Psalm 103,3a

Vers 2 von Psalm 103 sagt, dass wir das Gute, das Gott uns geschenkt hat, nicht vergessen sollen. In der Folge zeigt David auf, was Gott uns alles Gutes getan hat. Das erste ist die Vergebung der Sünden. Gott vergibt alle deine Sünden. Was für ein Haufen kleiner und großer Sünden hat sich im Laufe des Lebens angesammelt! Es waren schlechte Dinge, die wir anderen getan, oder gute Dinge, die wir unterlassen haben. Schlechtes, das wir gedacht haben. Wir haben, auch gegenüber Gott, versprochen, uns zu bessern und es hat so oft nicht geklappt. Vielleicht hast du dich gefragt, ob Gott dich noch annimmt, dich noch liebt, es noch mal mit dir wagt. Vielleicht steckst du gerade heute in einer Schuld fest, hast etwas getan, gesagt, wo du an anderen und an Gott schuldig wurdest.

Du darfst ehrlich sein vor Gott. Er hält dich und mich aus. Er wusste von unserer Unperfektheit. Deshalb schickte er Jesus. Jesus starb am Kreuz, zur Vergebung all unserer Schuld. „Die Strafe liegt auf ihm."

Lies Jesaja 53.

Gott, dein Arzt

„... und heilt alle deine Gebrechen." Psalm 103,3b

Es gibt so viel Gebrochenes und Krankes bei Menschen. Nicht nur äußerlich, sondern auch innerlich. David weiß um Zerbruch in seinem Leben, der ihm durch andere zugefügt wurde. „Der Herr ist nahe denen, die ein zerbrochenes Herz haben ..." Psalm 34,19. Durch harte Worte und Taten werden Menschen in ihrer Seele verletzt. Ein Gottesbild kann gebrochen sein dadurch, dass der Vater nicht die Liebe Gottes weitergab, sondern das Gegenteil lebte.

Gibt es in dir Verletztes, Gebrochenes, Verwundetes? Gott ist der HERR, dein Arzt (2. Mose 15,26)! Er kommt gerne in dich hinein und streicht seine „geistliche Bepanthencreme" auf deine Wunde. Er heilt so gerne und stellt so gerne wieder her. Bringe ihm deinen Zerbruch und sage ihm, wo Menschen dich verletzt haben. Begib dich in Gottes Therapie.

Lies Psalm 34.

Gekrönt

„Er rettet dich mitten aus Todesgefahr, krönt dich mit Güte und Erbarmen." Psalm 103,4

David konnte im wahrsten Sinne des Wortes ein Lied davon singen, wie es ist, in Todesgefahr zu sein. Saul, sein Widersacher, tat alles, um ihn umzubringen. Aber er überlebte. Zuletzt erlebte er sogar seine Krönung, er wurde Israels König. Aber die königliche Krone war für ihn mehr als ein Goldkranz, mit Edelsteinen besetzt. Es war die Krönung mit Güte und Erbarmen (Luther: Gnade und Barmherzigkeit). Die Krönung war der Beweis dafür, dass Gott David begleitete vom Anfang bis zum Ende.

Jetzt spricht David uns zu: Dich rettet er, dich krönt er. Aus seinem Erleben lehrt er dich und mich. Egal, welche Gefahr auf deinem Weg ist, welche Not, welcher Kampf. Gott geht mit dir und schenkt dir seine Güte und sein Erbarmen. Er liebt dich so sehr, dass sein Schutz dir täglich gewiss sein darf und dass er immer zum Ziel mit dir kommt, auch wenn es drumherum dunkel ist.

Lies heute Psalm 46, einen Mut machenden Psalm.

Fröhlich

„Der deinen Mund fröhlich macht…" Psalm 103,5a

Das ist das nächste Gute, das Gott uns Menschen tut: Er beschenkt uns mit Freude. Es fällt gar nicht so leicht, sich angesichts mancher Herausforderungen zu freuen. Du sollst dich auch nicht über sie, sondern inmitten der Herausforderungen freuen. Beachte, dass Freude ein Geschenk ist. Es gibt keinen Knopf dafür und plötzlich sind wir fröhlich. Du darfst dich Gott heute öffnen, ihm ehrlich deine Gefühle und Schwierigkeiten sagen und ihn bitten, dass er dich mit seiner Freude füllt. Paulus betet das für die Menschen in Rom: „Der Gott aller Hoffnung fülle dich mit ALLER Freude und Frieden …" (Römer 15,13).

Und auch Jesus weiß darum, dass wir Freude von ihm brauchen: „Das sage ich euch, damit meine Freude in euch bleibe und eure Freude vollkommen werde" (Johannes 15,11).

So wünsche ich dir, dass Gott dir in allen Umständen seine Freude schenkt.

Lies heute Jesaja 61,1–3. Einen fröhlichen Tag!

Neue Federn

„Wie sich bei einem Adler das Gefieder erneuert, so bekommst du immer wieder jugendliche Kraft." Psalm 103,5b

Das nächste Gute, womit Gott uns beschenkt: Er erneuert unsere Kraft. Dazu benutzt David das Bild eines Adlers. Irgendwann im Laufe seines Adlerlebens wird er schwerfällig. Sein Gefieder wird schwer und schwerer. Er hört auf zu fliegen. Zudem wächst ihm ein Überschnabel, der es ihm schwer macht, Nahrung aufzunehmen. Er ist in einer richtigen Krise.

Doch dann passiert es: Er beginnt, sich wie ein Wilder aufzuführen. Er wetzt seinen Schnabel ab, damit er wieder Nahrung bekommt. Er tanzt wild herum und das alte, schwerfällige Gefieder fällt ab. Und plötzlich kommt ein neues Gefieder zum Vorschein. Mit diesem hebt er ab und ist trotz seines Alters wieder in der Lage, mit neuer Kraft und Energie unterwegs zu sein.

Gott arbeitet an dir, oft in Krisenzeiten. Er lässt Neues wachsen inmitten deiner Not, Depression und Sorge. Bitte ihn um neue Kraft, denn die Krise hat nicht das letzte Wort.

Ungerecht

„Der Herr greift ein mit heilvollen Tagen, den Unterdrückten [allen, die Unrecht leiden] verschafft er Recht." Psalm 103,6

Es gibt Dinge in unserem Leben, die laufen ungerecht ab. Sie drücken dich, im wahrsten Sinne des Wortes, nach unten. Ich denke an den Familienvater, der gerade gesagt bekommen hat, dass er seinen Job verlieren wird. Ich denke an Situationen, in denen man sich in Menschen investierte. Man half, gab seine Zeit, seine Kraft und letztlich war nicht nur Undank der „Welten Lohn", sondern auch gemeines Verhalten von demjenigen, dem man helfen wollte. Vielleicht erlebst du Krankheit und fragst dich: „Warum ich? Womit habe ich das verdient?"

In all dem „zu Unrecht leiden" darfst du heute auf Jesus schauen. Er will eingreifen, mit heilvollen Taten. Wie und wann Jesus hilft, kann ich dir nicht sagen. Aber, dass er hilft, zu seiner Zeit und auf seine Weise, da bin ich sicher. Vertraue heute seinen heilvollen Taten, die er an dir erweisen möchte.

Lies Jesaja 30,18–26.

Dein Weg

„Er hat Mose seine Wege wissen lassen …“ Psalm 103,7a

Der Psalm 103 fordert uns auf, nicht zu vergessen, was Gott uns Gutes getan hat (Vers 2). Ein weiteres Gutes ist, dass er uns nicht im Dunkeln stehen lässt. Er lässt dich und mich mit den Fragen und Entscheidungen, die wir zu treffen haben, nicht allein. Mose hat dies oft erfahren. Er hatte den Auftrag, das Volk Gottes aus Ägypten herauszuführen, um es dann in der Wüste 40 Jahre lang zu führen. Mose wusste, dass Gott etwas Gutes mit dem Volk vorhatte. Er suchte immer wieder Gottes Nähe, sein Reden und seine Wegweisung.

Du und ich sind nicht Mose und unsere Aufgabe ist sicher von kleinerem Ausmaß. Aber unsere Abhängigkeit von Gott ist die gleiche. Auch wir brauchen Gottes Reden, seine Wegweisung, seinen Rat, welcher Schritt heute dran ist. „Ich will dir den Weg zeigen, den du gehen sollst, ich will dich mit meinen Augen leiten“ (Psalm 32,8).

Gott sagt dir das heute zu. Er geht mit!

Lies 2. Mose 3,6–14.

Kind sein

„... den Kindern Israels seine Großtaten." Psalm 103,7b

Gestern haben wir gesehen, dass uns Gott seine Wege aufzeigt, so wie er es bei Mose getan hat. Der Bibelvers spricht im zweiten Teil von den „Kindern Israels". Sie waren sein auserwähltes Volk. Er erwählte sie, um an ihnen seine Treue und Macht zu zeigen. Er machte sie zu Söhnen und Töchtern, um an ihnen aufzuzeigen, was es bedeutet, Kind Gottes zu sein und einen himmlischen Vater zu haben. Er zeigte seine großen Taten, seine Wunder. Oft spektakulär, dann wieder ganz unscheinbar.

Wenn du Jesus als Herrn über dein Leben annimmst, dann bist du Gottes Kind. „Denen, die ihn aufnahmen, gab er das Recht, Gottes Kinder zu sein" (Johannes 1,12). Und dann bist du heute nicht allein mit deinen Herausforderungen und Sorgen. Wie ein liebevoller Vater erweist er an dir seine Güte, Hilfe, Versorgung. Ich wünsche dir heute, an der Hand deines Vaters zu gehen und zu erleben, wie er sich kümmert und deine Angelegenheiten zu seinen macht.

Lies Matthäus 7,7–11.

Lass dich beschenken

„Barmherzig und gnädig ist der Herr, er gerät nicht schnell in Zorn, sondern ist reich an Gnade.“ Psalm 103,8

In diesem Vers beschreibt David das Wesen Gottes. Gott ist barmherzig. Er hat ein Herz für dich und mich. Er ist gnädig. Das heißt, dass er dich und mich beschenkt. Gnade ist eine Zuwendung Gottes, die ich weder erwarten noch verdienen kann. Er gerät nicht schnell in Zorn. Passiert etwas, was nicht nach unserem Willen ist, geraten wir schnell in genau diesen Zorn, regen uns auf, beginnen gegen den Nächsten zu sein.

Du darfst heute diese Eigenschaften Gottes für dich in Anspruch nehmen. Gott ist dir gegenüber barmherzig. Er liebt dich. Er will sich dir heute mit seiner Gnade zuwenden. Er freut sich, dich zu beschenken, seine Gaben in dich hineinzulegen. Was brauchst du heute besonders? Er ist „reich an Gnade“. Vergebung, Liebe, Geduld, Barmherzigkeit, ein ruhiges Wesen, Sanftmut …? Bitte Gott, dass er dich mit seiner reichen Gnade beschenkt.

Lies Galater 5,16–23.

Lösung: Jesus!

„Nicht für immer wird er uns anklagen, noch wird er ewig zornig auf uns sein." Psalm 103,9

Gott hatte immer viel Arbeit mit seinen Menschen. Als er das Volk Israel aus Ägypten führte und ihnen ein neues Land schenken wollte, da waren sie zwar begeistert, aber das Dazwischen war katastrophal. Als sie in der Wüste waren, meckerten sie unentwegt und wünschten sich zurück in die Knechtschaft der Ägypter. Sie lehnten sich gegen Gott auf, vertrauten ihm nicht, wechselten ihn durch einen anderen Gott aus.

Und wir? Wir sind doch keinen Deut besser. Auch in uns steckt das Rebellieren gegen Gott, das Ungehorsamsein. Gott hätte allen Grund, mit der Menschheit ein Ende zu machen. Seine Heiligkeit und wir, das passt nicht. Lösung? JESUS! Er wurde für uns zur Sünde gemacht, damit wir vor Gott richtig sind (2. Korinther 5,21). Deine kleinen Sünden bestraft der liebe Gott nicht! Er bestrafte Jesus an deiner Stelle, indem er ihn ans Kreuz nageln ließ. Durch seine Wunden bist du heil. Halleluja!

Lies Jesaja 53,4–7.

Deine kleinen Sünden

„Er bestraft uns nicht für unsere Sünden und behandelt uns nicht, wie wir es verdienen." Psalm 103,10

Ich höre manchmal den Satz: „Kleine Sünden bestraft der Liebe Gott sofort." In diesem Denken ist verankert, dass Gott ein Aufpasser ist, der genau darauf achtet, was du tust, und der dich bestraft, wenn du etwas Falsches tust. Bereits gestern hast du gelesen: „Die Strafe liegt auf ihm" (Jesaja 53,5).

Jesus starb am Kreuz für deine und meine Sünde! Er machte dich und mich rein und heilig, indem er sein Blut vergoss. Er sah deine Fehler, deine Charakterschwächen, deinen Hang dazu, andere zu verletzen mit Worten oder Taten. Er sah deine Versprechen, jetzt etwas netter zu werden, und das Brechen dieser Versprechen. Er wusste, dass diese Menschen aus sich heraus niemals seinen Maßstäben gerecht werden konnten. Deswegen bestraft er dich nicht, sondern verändert dich. Durch seine Vergebung, Gnade, durch den Heiligen Geist. Lass ihn heute an die Dinge, die Veränderung brauchen.

Lies 2. Korinther 5,17–21.

Respekt

„Denn so hoch, wie der Himmel über der Erde ist, so überragend groß ist seine Gnade gegenüber denen, die ihm in Ehrfurcht begegnen." Psalm 103,11

Gott ist jemand, der dich sehr gerne überrascht und dich segnet. Er beschenkt dich mit Hilfe, mit Wegweisung, mit Menschen, mit seinem Wort. Er ist so gerne um dich. Er ist interessiert daran, was du tust, will mitgenommen und gefragt werden, damit er dir helfen kann. Er gibt so gerne, weil er dich liebt, dich gemacht hat und am besten weiß, was in deinem Leben dran ist. Aber er macht das nicht bei jedem Menschen einfach so, sondern bei denen, die ihn fürchten, d. h. ehren, ihn als Gott annehmen und respektieren; die sich in ihr Leben von Gott hereinreden lassen, weil sie wissen, dass er es besser weiß und Gedanken des Friedens mit seinem Kind hat. Ehre ihn heute und nimm die Gnade, die er dir schenkt, im Großen und im Kleinen wahr.

Lies Jesaja 55,6–11 und Jeremia 29,11–14.

Vergeben und Vergessen!

„So fern, wie der Osten vom Westen liegt, so weit wirft Gott unsere Schuld von uns fort!" Psalm 103,12

Kannst du dir eigentlich vergeben? Oder leidest du an Schuld, die du auf dich geladen hast? Es ist gut, Jesus seine Schuld zu bringen. Die Bibel sagt, dass „er treu und gerecht ist, dass er uns die Sünde vergibt und uns reinigt von aller Ungerechtigkeit" (1. Johannes 1,9).

Wenn du sie ihm gebracht hast, dann denkt er nicht mehr daran. Egal, wie du dich fühlst und ob dich dein Gewissen noch anklagt. Wenn er dir vergeben hat, dann hat er das und die Schuld liegt nicht mehr bei dir. Corrie ten Boom, eine niederländische Predigerin, sagte einmal: „Gott wirft unsere Schuld in die Tiefe des Meeres und ans Ufer stellt er ein Schild, auf dem steht: Fischen verboten."

Danke Jesus heute für Vergebung in deinem Leben und hole das Alte nicht ständig hoch. Und so, wie Gott mit uns umgeht, so kannst du auch mit anderen umgehen. Vergib ihnen und halte ihnen ihre Fehler nicht vor. Wir leben von der Vergebung.

Lies Epheser 4,32.

Gott: „Du bist mein Kind!"

„Wie ein Vater mit seinen Kindern Erbarmen hat, so hat der Herr Erbarmen mit denen, die ihn ehren." Psalm 103,13

Dieser Vers erinnert mich an eine ganz berühmte Geschichte. Da war ein Sohn, der sich vorzeitig sein Erbe auszahlen ließ, um fernab seines Elternhauses sein Glück zu finden. Das ging ziemlich schief und sein Unternehmen endete letztlich in einem Schweinestall. Sein Geld, seine Anerkennung, seine Freunde, alles war weg. In seiner Verzweiflung dachte er, es wäre gut, nach Hause zu gehen. Dort könnte er seine Dienste als Sklave anbieten. Er konnte sich nicht vorstellen, in den Status „Sohn" aufgenommen zu werden. Zu schlecht war sein Verhalten, zu respektlos sein Weggehen gewesen.

Er geht los und kommt näher an das Haus seiner Eltern. Und da steht einer. Im Näherkommen erkennt er seinen Vater. Dieser erkennt ihn ebenfalls und rennt los. Er umarmt den stinkenden Sohn, der ihm alles andere als Freude machte. Er nimmt ihn auf. Nicht als Sklaven! Als Sohn! So sehr liebt Gott dich.

Lies Lukas 15,11–24.

Ewigkeit

„Denn er weiß, dass wir vergänglich sind, er denkt daran, dass wir nur Staub sind.“ Psalm 103,14

Warum betont David plötzlich die Vergänglichkeit des Menschen? Er versucht damit, die Besonderheit Gottes hervorzuheben. Alles, was wir Menschen tun, ist einem Anfang und einem Ende unterworfen. Salomo sagt das in Prediger 3,1: „Alles hat seine Zeit.“ Dann zählt er auf, was in einem zeitlichen Rahmen abläuft. Zeit beginnt und endet. Alles, was wir Menschen tun, ist nie immer gleich, sondern unterliegt Schwankungen. Unsere Gefühle sind nie immer gleich, unsere Liebe, unsere Barmherzigkeit. Das fällt uns Menschen schwer. Wir sehnen uns nach Bleibendem. Dieses Sehnen hat Gott in uns hinein gelegt.

„Er hat die Ewigkeit in unser Herz gelegt“ (Prediger 3,11).

Nur einer hat die Beständigkeit, die wir uns ersehnen. Nur einer hat immer gleiche Liebe, nie Gefühlsschwankungen und kann nie vergehen. Das ist Gott. Er beschenke dich heute mit seinen ewigen Gaben. Durch ihn hast du ewiges Leben.

Lies 2. Korinther 5,1–7.

Gott ist so gut

„Doch die Güte Gottes bleibt für immer bestehen; bis in die fernste Zukunft gilt sie denen, die ihn ehren. Er hält auch noch zu ihren Kindern und Enkeln." Psalm 103,17–18

Die Verse vorher sprechen von der Vergänglichkeit des Menschen. Auch wenn der Mensch Anfang und Ende hat, Gottes Güte ist bleibend, vergeht nicht, zerfällt nicht, ist nicht plötzlich aufgebraucht. Gottes Güte möchte dein Leben heute, morgen und in alle Ewigkeit erfüllen. Und sogar unsere Kinder werden in diesen Segen eingeschlossen. Solltest du Kinder haben, darfst du dich freuen. Bete weiter für sie und glaube diesen Vers. Gottes Güte soll sich in ihrem Leben zeigen. Güte Gottes ist, dass er dich annimmt, wie du bist. Dass er dich verändert, wo es nötig ist, und damit deinen Charakter prägt. Dass er dich versorgt mit dem, was du brauchst. Dass er dich den Weg führt, den er sich für dich ausgedacht hat. Gott meint es gut mit dir. Ich wünsche dir, dass du dich in der gütigen Hand Gottes geborgen weißt.

Lies heute Psalm 121.

Gott ist dein guter König!

„Der Herr hat seinen Thron im Himmel errichtet, er herrscht als König über alle Welt." Psalm 103,19

Es gibt Regierungen, die einem das Gefühl von Sicherheit geben. Aber es gibt auch solche, die alles andere als Sicherheit bieten. Sie sind korrupt und auf sich statt auf diejenigen, die sie regieren sollen, gerichtet. Gott ist König. Das soll dir heute ein Gefühl von Sicherheit und Geborgenheit geben. Er ist ein Regierender, der dich nicht ausnimmt, dich nicht bestraft, sondern sich sehr für dich interessiert. Er möchte dich fördern, weiterbringen, versorgen und hat als „Chef" eine gute Idee für dein Leben. Aber du bist auch ein Königskind. Wenn du Jesus in dein Leben als Herrn aufgenommen hast, dann bist du mehr als ein Diener des Königs. Du bist Kind. Kind des großen Gottes. Was sein ist, ist auch dein. Er beschenkt dich mit königlichen Gaben. Über deinem Leben herrscht nicht der Zufall, sondern Gott, der König. Wende diesen Gedanken auf deine Situation und Herausforderungen an.

Lies Matthäus 21,1–9.

Von guten Mächten …

„Lobet den Herrn, ihr starken Engel, die ihr ihm aufs Wort gehorcht und seine Befehle ausführt!" Psalm 103,20–21

Die letzten Verse von Psalm 103 beginnen jeweils mit der Formulierung „Lobet den Herrn". So beginnt der Psalm und so endet er. Loben bedeutet „verehren, höher machen, die Eigenschaften desjenigen wertschätzen, erheben, staunen". Du solltest Gott loben. Er ist es wert. Er hat dir Leben geschenkt, sich etwas für dich überlegt, hat dich durch Jesus erlöst, dir Schuld vergeben und ein himmlisches Zuhause vorbereitet. Er hat dein Leben in seiner Hand, hat den Überblick, nichts entgeht ihm. Mit dir loben ihn sogar die Engel im Himmel. Der Bibelvers zeigt, dass Engel nicht angebetet werden, sondern selbst, als Geschöpfe Gottes, anbeten und Gott loben. Sie führen seine Befehle aus. Auch heute. Gott befiehlt seinen Engeln, dass sie dich beschützen.

Lies heute Psalm 91,11–16. Wer an Gott glaubt und Jesus seinen Herrn nennt, der kann mit Dietrich Bonhoeffer sagen: „Von guten Mächten wunderbar geborgen …"

Nur Mut!

„Lobe den Herrn, meine Seele!" Psalm 103,22

Dies ist der letzte Satz von Psalm 103. Du hast viel Grund, Gott zu loben. Der ganze Psalm ist voller Aufzählungen guter Gründe. Und doch fällt es dir und mir oft schwer, das Gute in den Blick zu nehmen und Gott dafür zu loben. Vielleicht siehst du Menschen, die dir schwerfallen. Deine wirtschaftliche Situation, die dir Sorgen bereitet. Eigenes Unvermögen, dich zu ändern oder Dinge zu lassen, die nicht gut für dich sind. Vielleicht … Es gibt so vieles, das uns die Lust und Laune zum Loben vergehen lassen möchte. Dieser letzte Satz in Psalm 103 macht aber deutlich, dass du nicht einfach nur Opfer einer seelischen Verfassung bist. Du darfst gestalten! Du darfst deiner Seele einen Befehl geben. Leben bedeutet letztlich, zu wissen, dass Gott über allen Problemen steht. Das braucht ein wenig Mut: wegzugehen von meiner Herausforderung und der damit verbundenen seelischen Verfassung und mich Gott zuzuwenden und auf ihn zu blicken.

Lies Apostelgeschichte 16,23–26.

2.

DIE WAFFENRÜSTUNG GOTTES

Gott beschenkt dich mit Gutem

Dein Feind

„Seid stark in dem Herrn … Zieht die ganze Waffenrüstung Gottes an …" Epheser 6,10

Wie jetzt? Ich muss Krieg führen? Das Christentum ist doch eine friedliche Religion. Stimmt! Du sollst auch nicht gegen Menschen kämpfen, sondern gegen den Feind Gottes, den Teufel. Er versucht, dich gegen Gott aufzubringen. Er versucht, dir Zweifel an der Existenz Gottes einzupflanzen, er möchte dich niedergeschlagen, depressiv, hartherzig, lieblos und möglichst aufgebracht erleben. Dann freut er sich. Paulus weiß, dass wir Menschen diesen Kampf gegen das Böse aufnehmen müssen. Er beginnt damit, dass er rät, in Gott stark zu werden. D. h. ich darf mich heute auf die Kraft Gottes verlassen. In seiner Kraft ist Freude, Liebe, Freundlichkeit, Güte, Sanftmut u. v. m. enthalten.

Er gibt dir heute seine Kraft für den Alltag. Lass dich füllen und gehe gestärkt durch Gott durch diesen Tag. Und was es mit der Waffenrüstung auf sich hat … das liest du in den nächsten Tagen!

Lies Epheser 6,10–20 und Galater 5,22.

Gürtel

„Stellt euch also entschlossen zum Kampf auf! Bindet den Gürtel der Wahrheit um eure Hüften." Epheser 6,14a

Gestern hast du hier etwas über einen Kampf gelesen, den du mit dem Feind Gottes führst, dem Teufel. Der erste Ausrüstungsgegenstand ist der Gürtel der Wahrheit. Hätte ein Soldat keinen Gürtel gehabt, wäre die ganze Rüstung nicht fest gewesen und er hätte nicht richtig kämpfen können. Du brauchst Wahrheit. Die Wahrheit macht dich fest, gibt Sicherheit. Jesus sagt: „Mein Wort ist Wahrheit" (Johannes 17,17). In seinem Wort macht er dir klar, wer und wie er ist. Er macht deutlich, wie er dich sieht. Dieses Wort gibt dir Sicherheit. Der Teufel wird dir deutlich machen, dass es Gott nicht geben kann, dass du nichts wert bist, dass du nicht brauchbar bist, dass Gott dich nicht liebt … Ihm fällt viel ein, um dich innerlich unsicher zu machen.

Lass heute die Wahrheit aus Psalm 139 auf dich wirken. So ist Gott und so sieht er dich.

Brustpanzer

„... zieht an den Brustpanzer der Gerechtigkeit." Epheser 6,14b

Mit einem Brustpanzer schützt ein Soldat seinen Oberkörper. Im geistlichen Leben ist dieser Brustpanzer der zweite Ausrüstungsgegenstand und trägt den Namen Gerechtigkeit. Unser Feind, der Teufel, wird uns genau hier angreifen. Er wird uns sagen: „Damit du gut vor Gott bist, musst du viel leisten. Du musst zuerst ein besserer Mensch werden, damit Gott dich annimmt. Du musst dich anstrengen, damit Gott dich liebt. Du musst ihm versprechen, freundlicher zu sein und liebevoller, sonst will er mit dir nichts zu tun haben." Dieser Feind versteht es, uns zu Leistungen zu jagen, die uns besser machen sollen vor Gott. Aber was macht mich wirklich gerecht, richtig und ausreichend vor Gott? Es sind nicht meine Leistungen, Versprechungen und Anstrengungen. Jesus kam, starb, vergab mir und begann, mich zu erneuern. Er liebt mich, ohne dass ich etwas dafür leiste. Er nimmt mich an, ohne beeindruckende Versprechen meinerseits. Er macht mich gerecht, ohne mein Dazutun!

Lies Lukas 18,9–14.

Schuhe

„... und tragt an den Füßen das Schuhwerk der Bereitschaft, das Evangelium des Friedens zu verbreiten." Epheser 6,15

Der dritte Ausrüstungsgegenstand sind die Schuhe. Der Soldat brauchte festen Halt, musste gut voran kommen. Paulus sagt, auch wir müssen in unserem geistlichen Leben „Schuhe" anziehen, und meint damit die Bereitschaft, loszugehen und das Gute, das Jesus uns geschenkt hat, weiterzugeben. Unser Feind, der Teufel, wird uns hier angreifen und sagen: „Keiner wird dir glauben, die Leute halten dich für einen Spinner, lass Profis die gute Nachricht verkünden, du kannst das nicht." Vielleicht wird er dich auch in eine Haltung der Selbstsucht hinein bringen: „Ich, mich, meiner, mir, Herr, segne uns alle vier!" Darum: Ziehe heute die Bereitschaft an, das Evangelium weiterzugeben. Bete dafür, dass Gott eine Gelegenheit schenkt, lass dich neu füllen mit Gottes Liebe, die nie in Selbstsucht endet, sondern in der Zugewandtheit zu Menschen.

Lies Apostelgeschichte 2.

Schild

„Vor allen Dingen aber ergreift den Schild des Glaubens, mit dem ihr auslöschen könnt alle feurigen Pfeile des Bösen." Epheser 6,16

So wie der Soldat damals in einem Kampf beschossen wurde und sich schützen musste, müssen wir das auch. Unser Schild, den wir vor uns halten, heißt „Glaube". Glaube ist die Gewissheit, dass Gott da ist. Glaube ist die Zuversicht, dass er handelt und Situationen verändert. Glaube ist Vertrauen in Gottes Fähigkeiten. Glaube ist, sich zu trauen, loszulassen und es Gott zu überlassen. Heute wünsche ich dir diesen Schild des Vertrauens, den du vor dich stellst und der dir eine feste Sicherheit gibt. Trau dich, ihm zu vertrauen.

Lies Markus 9,14–29 und Hebräer 11.

Helm

„… und nehmt den Helm des Heils …“ Epheser 6,17

Der Helm schützt den Kopf des Soldaten. Im geistlichen Leben müssen auch wir einen Helm tragen, der unsere Gedanken schützt. Der Feind Gottes, der Teufel, wird keine Gelegenheit auslassen, um uns deutlich zu machen, dass wir Versager und der Liebe Gottes nicht wert sind. Er wird uns auf unsere Fehler aufmerksam machen und versucht damit, uns wegzubringen von Gott. Quält dich vielleicht der Gedanke: „Ich bin zu schlecht? Ich lebe in diesem oder jenem Bereich immer noch nicht perfekt. Andere sind bessere Christen.“ Unsere Gedanken können so weit gehen, dass wir sogar anzweifeln, überhaupt ein Kind Gottes zu sein. Wir müssen lernen, das zu denken, was Gottes Wort über uns sagt. Auch heute wirst du nicht perfekt sein, alles richtig machen. Und trotzdem bist du, wenn du Jesus angenommen hast, ein Kind Gottes, angenommen und geliebt. Fülle deine Gedanken mit Wahrheiten Gottes aus der Bibel.

Lies Römer 8.

Schwert

„… und das Schwert des Geistes, welches ist das Wort Gottes." Epheser 6,17b

Für unser Leben mit Jesus brauchen wir das Wort Gottes. Seine Wahrheiten machen frei, stärken für den Alltag und überwinden Lügen, die uns der Teufel eingibt. „Du bist nicht geliebt!", sagt er. Du kannst antworten: „Es steht geschrieben: Ich habe dich je und je geliebt …" (Jeremia 31,3). Der Teufel sagt: „Gott kümmert sich nicht um dich!" Du kannst antworten: „Es steht geschrieben: … er sorgt für dich" (1. Petrus 5,7). Auch Jesus hat mit dem Wort Gottes geantwortet.

Lies Matthäus 4,1–11. „Es steht geschrieben …" Ich wünsche dir Kraft und Sieg durch Gottes Wort an diesem Tag.

Gottes Arm bewegen

„... betet allezeit mit Bitten und Flehen ..." Epheser 18a

Mit dem Aufruf zum Gebet endet die Waffenrüstung Gottes, die wir anziehen sollen. Gott möchte, dass wir jeden Tag mit ihm in Kontakt treten. „Allezeit." Egal, ob spät oder früh. Egal, wie meine Gefühlslage ist. Egal, welche Situation ich zu meistern habe.

Ich erinnere mich an meine Oma, die mir beibrachte: „Das Gebet bewegt den Arm Gottes." Das habe ich mir gemerkt und erinnere mich gerne an diesen Satz!

In der Aufforderung zum Gebet liegt der Zuspruch, dass Gott Interesse an mir und meinem Befinden hat. Kein Anliegen ist zu klein oder zu groß. Keines ist zu unbedeutend, als dass ich es nicht mit Gott besprechen kann.

Setze dich heute zu deinem Vater im Himmel und besprich mit ihm deine Anliegen. Und dann: Lass ihn auch reden. Durch sein Wort, durch seinen Geist in deine Gedanken hinein. Er hat auch dir etwas zu sagen.

Lies Lukas 18,1–8.

3.

MATTHÄUS 8,23-27

Gott beschenkt dich mit Gutem

Nachfolgen

„Und er stieg in das Schiff, und seine Jünger folgten ihm." Matthäus 8,23

In den nächsten Impulsen wird es um diese Geschichte gehen. Jesus steigt in ein Boot, seine Jünger folgen ihm.

Ein ganz unspektakulärer Satz. Hätten die Jünger gewusst, was in der Folge passiert, wären sie wahrscheinlich nicht mitgekommen. Aber sie gehen mit Jesus. Sie folgen ihm. Er weiß, was gut für sie ist, welche Wege sie gehen sollen, welche Lektionen sie lernen sollen. In deinem Leben ist nicht entscheidend, ob du weißt, was passieren wird. Entscheidend ist, dass du heute Jesus folgst. Ihn bittest, dass er dich führt. Wenn er dir einen Auftrag gibt, dann zögere nicht. Sollst du jemanden anrufen und ermutigen, tue es. Sollst du jemandem etwas schenken, zögere nicht. Sollst du heute mehr Zeit im Gebet verbringen und im Lesen der Bibel, dann lass dich nicht aufhalten. Sollst du etwas besser nicht sagen, weil es verletzt, dann lass es. Macht die Bibel dir etwas deutlich, sei ihr gehorsam. All das heißt: Jesus folgen.

Lies Psalm 32.

Keine Aida

„Mitten auf dem See brach plötzlich ein gewaltiger Sturm los, so dass die Wellen über dem Boot zusammenschlugen. Aber Jesus schlief." Matthäus 8,24

Das, wohin Jesus seine Jünger führte, war keine Aida-Kreuzfahrt. Der Sturm auf dem See Genezareth konnte wirklich heftig werden. Vielleicht so, wie es in deinem Leben gerade stürmisch ist? Stürme des Lebens können von außen kommen. Eine Not wie Krankheit, Arbeitslosigkeit, Streit mit dem Ehepartner oder einer anderen nahestehenden Person … Daraus entwickeln sich innere Stürme: Wut, Sorge, Angst und vielleicht auch die Verzweiflung über sich selbst und die eigene Reaktion. Aber es gibt Hoffnung. Eine Ruhe, eine Person, die dir in deinem Sturm begegnen möchte. Es ist Jesus. Er schläft hier, aber eines kommt dadurch zum Ausdruck: Ihn kann nichts aus der Fassung bringen! Er ist die Ruhe selbst.

Sturm kannst du nicht verhindern. Aber heute ist jemand da, der dir seine Ruhe, Gelassenheit und Vertrauen schenken möchte. „Unser Herz ist unruhig, bis es ruht in dir."

Lies Hebräer 12,1–11.

Hilfe!

„Da liefen die Jünger zu ihm, weckten ihn auf und riefen: ‚Herr, hilf uns, wir gehen unter!'" Matthäus 8,25

Panik bricht aus. Der Sturm ist nicht mehr beherrschbar. Ich sehe, wie sie alles versuchen. Aus ihren Händen kleine Behälter formen, um das Wasser loszuwerden. Ich stelle mir vor, wie sie sich gegenseitig animieren, letztlich aber kapitulieren ob eines solchen Sturms. Jetzt tun sie genau das Richtige. Sie laufen zu Jesus, wecken ihn auf und bitten ihn um Hilfe. Die Bibel sagt: „Rufe mich an in der Not, dann werde ich dich erretten, und du wirst mich preisen" (Psalm 50,15). Auch du darfst heute um Hilfe rufen. Es darf Situationen geben, die dir zu schwer sind, die du nicht alleine schaffst, gegen die du vielleicht machtlos bist. Machtlosigkeit ist ein dummes Gefühl. Aber du hast den, der alle Macht hat im Himmel und auf der Erde. Gib ihm heute deine Ohnmacht, Angst und Sorge. Er zeigt dir seine Kraft und Macht! Gib ihm deine Gesundheit, deine Kinder, deine Ehe, deine wirtschaftliche Situation.

Lies heute Psalm 50!

Hab keine Angst

„Da sprach er zu ihnen: Ihr Kleingläubigen, warum seid ihr so furchtsam?“ Matthäus 8,26a

In der Krise wird offenbar, was der Mensch innerlich ist. Ja, es war gut, dass die Jünger Jesus um Hilfe baten. Ihr Ausspruch: „Herr, hilf uns, wir kommen um!“ war verständlich und Jesus hört solche Gebete. Aber jetzt schaut Jesus eine Ebene tiefer. Er geht von der schnellen, panischen Reaktion der Jünger in ihr Herz. Und dort sieht er Angst, Panik, nicht vertrauen können, Angst vor dem Tod … Und deshalb fragt Jesus: Warum seid ihr so ängstlich? Tief in ihnen drin vertrauten sie Jesus nicht. Und wenn ich ehrlich bin, lasse ich mich auch zu oft eher von Panik leiten als vom stillen Gottvertrauen. Jesus sagt dir heute: Hab keine Angst. Ich habe alles in der Hand. Kenne dein Leben sehr genau. Ich weiß um alles, was du brauchst, Tag für Tag. Hab keine Angst, ich liebe dich. Du kannst meinem Wort vertrauen und du wirst sehen, wie ich dich führe, Schritt für Schritt.

Lies Jesaja 43,1–7.

Pssst …

„Und er stand auf und bedrohte den Wind und den See. Da wurde es ganz still." Matthäus 8,26b

Jesus lässt sich bitten. Er sieht die Angst seiner Jünger und obwohl er sich mehr Vertrauen gewünscht hätte, hilft er doch. Ich bin ihm so dankbar, dass er sich trotz meiner Sorgen und meiner Panik nicht abbringen lässt, mir zu helfen. So wie er damals den Sturm gestillt hat und plötzlich eine große Stille da war, so wünsche ich dir und mir, dass er mit seiner Ruhe in die Stürme des Lebens hineinkommt. Vielleicht erlebst du gerade Stürme: Stürme mit den Kindern, in der Ehe, in der Gemeinde, bei der Arbeit … Jesus schenke dir innerlich Ruhe und Frieden. Ein anderer erlebt großen Sturm, weil ihn die momentanen Ereignisse in der Gesellschaft fertig machen und er die Berichterstattung nicht einschätzen kann. Während ich diese Andacht verfasse, erlebt die Welt gerade die Corona-Pandemie. Jesus will auch für dich aufstehen und in dir Ruhe schaffen. Wir dürfen daran glauben, dass Jesus größer ist als alles: Herr, sprich nur ein Wort, und schenke eine Lösung.

Lies Hebräer 4,9–16.

Wer ist Jesus?

„Wer ist das nur, dass ihm sogar Wind und Wellen gehorchen?" Matthäus 8,27

Die Jünger Jesu staunen. Sie staunen über die Stille, die plötzlich inmitten des Sturms eintritt. Sie staunen über Jesus, über seine Macht und Kraft. Das hätten sie ihm so nicht zugetraut. Ja, ihm gehorchen Wind und Wellen. Er ist der Herr über alles. Er ist der, der alles in seiner Hand hält. Er ist derjenige, der den Überblick hat. Er beherrscht die größte globale Katastrophe und das klitzekleinste Problem, das ich mit mir herumschleppe. Das ist Jesus. In diesen Tagen mache ich mir viele Gedanken über Corona, die gesellschaftliche Entwicklung, die Fragen, die kaum bis gar nicht beantwortet werden können, die Verunsicherung, die damit einhergeht. Ich sehe Nachrichten, Menschen, Meinungen … Und dann werde ich wieder erinnert: Wer ist der Herr? Wer kann ein Wunder tun? Worauf soll jetzt unser Fokus sein? Und Hoffnung keimt in mir auf: Jesus ist da! Ihm ist gegeben alle Macht!

Lies Matthäus 28,16–20.

4.

PSALM 23

Gott beschenkt dich mit Gutem

Ein guter Hirte

„Der HERR ist mein Hirte, mir wird nichts mangeln." Psalm 23,1

So beginnt der wohl bekannteste Psalm Davids. Es ist der 23. Obwohl er so bekannt ist, hoffe ich, dass er neu dein Herz berührt.

Hirte zu sein, bedeutet Verantwortung zu übernehmen. Der Hirte führt die Schafe dorthin, wo sie genug Nahrung finden. Sollte ein Schaf verletzt sein, wird er die Wunde versorgen. Sollte die Herde angegriffen werden, wird der Hirte alles in Bewegung setzen, seine Herde zu schützen. Der Hirte weiß, dass die Schafe absolute Rundum-Betreuung brauchen. Und er leistet diese Betreuung gerne. Wenn du mit Jesus lebst, dann gilt dir der Zuspruch: Der Herr ist dein Hirte. Er übernimmt Verantwortung, Schutz, Versorgung.

Er übernimmt die Leitung des heutigen Tages, weil er genau weiß, was du brauchst. Es wird dir nichts mangeln. Der Hirte Jesus gibt dir gerne. Mangelt es äußerlich oder innerlich bei dir?

Bitte ihn heute, dich zu versorgen. Lies Psalm 23.

Wat Leckeres

„Er weidet mich auf einer grünen Aue und führt mich zum frischen Wasser." Psalm 23,2

Ein Hirte führt seine Herde zu grünen Wiesen und zu Wassern. Er möchte, dass es den Schafen gut geht, sie satt werden und Erfrischung erleben.

So ist es auch mit dem Hirten Jesus. Er ist nicht daran interessiert, dass du durchs Leben hetzt, eine Aktivität der nächsten folgt, getrieben bist von all den Aufgaben und wie ein Hamster im Hamsterrad läufst und läufst. Er gönnt uns seinen Weideplatz und sein Wasser. Er will dich heute führen hin zu seinem Wort, aus dem du Kraft und Erfrischung bekommst. Er gönnt es dir, auf dem Weideplatz Gottes auszuruhen und zu genießen, was er an Gaben schenkt. Iss heute seine guten Gaben: Liebe, Freude, Friede, Hoffnung und Zuversicht für den Alltag, seine Zusprüche aus seinem Wort.

„Unser Herz ist unruhig, bis dass es ruht in dir", sagt der Kirchenvater Augustinus. In dieser Ruhe Gottes empfange ich, was er gibt.

Lies Matthäus 11,25–30 und Johannes 10,7–10.

Erschöpft?

„... und gibt mir neue Kraft." Psalm 23,3a

Martin Luther übersetzte diesen kleinen Satz mit den Worten: „Er erquickt meine Seele." Durch die Führung des Hirten hin zu Weideplätzen, durch das Essen des Grases und das Trinken des Wassers erleben die Schafe neue Kraft und können weitergehen. Der gute Hirte Jesus führt dich hinein in sein Wort, in seine Gegenwart. Hier erlebt deine Seele neue Kraft.

Vielleicht bist du gerade sehr müde. Die Anforderungen des Alltags nehmen dich stark ein. Die Auseinandersetzungen mit Menschen machen dich fertig. Die inneren Antreiber gönnen dir keine Ruhe und sagen: „Du hast immer noch nicht genug getan!" Der innere Stress, der durch Sorgen, Ängste und Unsicherheiten aufgebaut wird, nimmt nicht ab. In all diesen Dingen spricht das Wort Gottes dir zu: „Ich gebe dir neue Kraft. Ich stärke deine Seele." Durch das Wort der Bibel, im Gebet, in der Erkenntnis, dass du Schaf bist und dein Hirte Jesus sich kümmert, dich trägt ...

Lies Psalm 138 und 2. Timotheus 1,7.

Er hat den Überblick

„Er führt mich auf dem richtigen Weg um seines Namens willen." Psalm 23,3b

Ein Hirte weiß sehr genau, was er tut. Bevor er mit seiner Herde loszieht, hat er die Gegend ausgekundschaftet. Er hat neue Weideflächen ausgesucht. Dorthin führt er seine Herde. Dass sie auf der neuen Weidefläche gut ankommen, dafür sorgt der Hirte. Höchstpersönlich übernimmt er die Verantwortung für den Weg.

So ist es auch bei deinem Hirten Jesus. Er sieht deinen ganzen Weg, dein ganzes Leben. Er sieht den nächsten Schritt, er kennt die kommenden Herausforderungen. Er möchte dich an die Hand nehmen und dich leiten. Er möchte Verantwortung für dich tragen und mit seinem Namen dafür einstehen, dass der Weg, den er dich führt, der richtige ist.

Dein Hirte Jesus ist heute da. Geht dir voran. Trägt dich, solltest du zu schwach sein, und hat eine Idee für dein Leben und für deine vielleicht ungewisse Zukunft.

Lies Jesaja 40,10–11 und Jesaja 55,6–13.

Warum?

„Und muss ich auch durchs finstere Tal – ich fürchte kein Unheil! Du, Herr, bist ja bei mir." Psalm 23,4a

Stell dir eine Schafherde vor, die im Gebirge im Nahen Osten beheimatet ist. Von einer solchen spricht der Psalm. Hier sind die Landschaften bergig. In den Sommermonaten werden die Weideplätze gesucht, die sehr weit oben im Gebirge sind. Der Weg nach oben führt durch Schluchten. Der Hirte weiß, wie gut es dort oben ist. Das Gras ist wertvoll, üppig. Er kennt keinen anderen Weg als den durch das Tal mit all seinen Gefahren.

„Warum muss ich gerade durch so eine harte Zeit?" Vielleicht stellst du dir diese Frage. In diesem Psalm findest du eine Antwort. Jesus führt dich. Nein, er lässt dich nicht extra leiden. Leid passiert! Aber Jesus macht aus diesem Leid etwas. Er führt dich hindurch und du lernst, ihm zu vertrauen. Du merkst, was David sagt: „Du, Herr, bist ja bei mir." Und wenn du durch bist, dann hast du etwas gelernt: Geduld, Gebet, Änderung im Charakter …

Lies Jakobus 1 und denke daran: Er ist bei dir!

„Ich bin bei dir“

„Dein Stock und dein Hirtenstab geben mir Trost!“ Psalm 23,4b

Neben der Stimme des Hirten, die den Schafen sehr vertraut und lieb ist und mit der der Hirte die Schafe führt, gibt es zwei weitere Instrumente, die der Hirte bei sich hat, um die Schafe zu leiten: Der Stock ist ein kurzer Knüppel, mit dem der Hirte gezielt nach Feinden werfen konnte. Nahte sich ein Raubtier, so setzte der Hirte den Knüppel ein. Der Hirtenstab war länger und zur Führung des Schafes gedacht. Erinnere dich an den Zusammenhang. Vers 4 beginnt mit der Erwähnung, dass das Schaf gerade durch ein tiefes Tal geht. Es ist ein gefährlicher Weg. Er geht an Klippen vorbei. Der Stab des Hirten lenkte die Schafe, berührte sie leicht und sie spürten: Unser Hirte ist da.

Der Abschnitt sagt dir heute: Jesus schützt dich und lenkt dich in deinen Herausforderungen. Er ist stärker als deine Umstände, deine harten Wege. Er tröstet dich, indem er dich spüren lässt, dass er da ist.

Lies nochmal den ganzen Psalm 23.

Wenn Gott für dich ist …

„Du deckst mir einen Tisch vor den Augen meiner Feinde." Psalm 23,5

David geht nun weg vom Hirtenbild, hinein in seine Lebenswirklichkeit. Als er diesen Psalm schreibt, ist er ein Verfolgter. Sein Vorgänger als König und mittlerweile Schwiegervater, Saul, ist hinter ihm her. Saul ist eifersüchtig auf David und deshalb jagt er ihn. Aber er kriegt ihn nicht. Was Saul auch versucht, David wird geschützt. Jetzt findet er Unterschlupf bei jemandem. Dieser nimmt ihn zu sich und bereitet dem geplagten David ein festliches Essen. Die Feinde gönnen ihm die Butter auf dem Brot nicht, aber Gott gibt ihm noch viel, viel mehr. „Wenn Gott für mich ist …", weiß Paulus, „wer kann dann gegen mich sein?"

Menschen haben dies immer wieder erlebt. Sie hatten große Schwierigkeiten, mit Menschen, mit Umständen. War aber Gott auf ihrer Seite, beschenkte er sie, stärkte und schützte. Gott ist auf deiner Seite! Was können Menschen dir tun? Lass Gott machen. Er hat einen Plan.

Lies 1. Samuel 24,1–8 und Römer 8,28–39.

Herzlich willkommen

„Du salbst mein Haupt mit Öl – um mich zu ehren – und füllst meinen Becher bis zum Überfließen." Psalm 23,5

Mitten in der Verfolgung und der damit einhergehenden Angst um sein Leben ist dort ein Mensch, der David aufnimmt. Er begrüßt ihn, bewirtet ihn und salbt ihn. Die Salbung eines Gastes war im Orient eine Besonderheit, die wir so nicht kennen. Dadurch wurde der Gast geehrt. Ein Ausdruck der Wertschätzung gegenüber dem Ankommenden. Ihm wurde dann nicht ein bisschen gegeben, sondern die Fülle. So ist es bei Jesus und uns. Er lädt uns ein in seine Gegenwart. Bei ihm sind wir herzlich willkommen. Durch Jesus und seine Erlösung, durch seine Vergebung unserer Sünde, können wir hinzutreten zu Gott dem Vater (lies Hebräer 4,16). Bei ihm gibt es die Fülle. Alles, was wir nicht haben, besitzt er. Alle Liebe und Freude, die fehlt – er möchte sie geben. Alle Versorgung, aller Friede, alle Weisheit… Er schenkt dir voll ein. Halte heute deinen Becher hin, Jesus füllt ihn.

Lies Epheser 3,14–21.

Dein Verfolger

„Gutes und Barmherzigkeit werden mir folgen mein Leben lang …" Psalm 23,6a

Was für ein Vers! An Tagen der Freude magst du diesen Satz unterstreichen. Aber an Tagen, an denen dein Weg durch finstere Täler führt, fragst du dich: „Wo ist das Gute, wo ist die Barmherzigkeit Gottes?"

Das, was David hier beschreibt, ist ein Erleben in der Verfolgung. Dieses Gute und die Barmherzigkeit sind nur in einem zweiten Sinn etwas Äußerliches. David redet vom Wesen Gottes. Gott ist gut und barmherzig. Das Wesen Gottes folgt ihm. David beginnt in dem Psalm mit dem Hirten, der ihm voran geht. Er endet mit dem Wesen Gottes, das ihm folgt.

Vielleicht erhört Gott deine Gebete gerade nicht so, wie du es dir wünschst. Vielleicht nimmt er nicht alle deine Probleme weg. Und doch darfst du wissen: Jesus folgt dir. Er meint es gut. Er hat ein „Herz" für dich. Deshalb lässt er dich immer wieder seine Barm*herz*igkeit spüren. Nimmst du die Güte und die Barmherzigkeit Gottes in deinem Erleben wahr?

Lies Psalm 13.

Zu Hause

„... ich werde für immer im Hause des Herrn wohnen." Psalm 23,6b

Das Ende beschreibt nun nicht mehr die Aktivität. Kein auf die Weide gehen, kein dunkles Tal, keine Verfolgung. Es endet ruhig. David ist angekommen. Er wohnt bei Gott, in seiner Gegenwart, obwohl er nicht am Ende seines Lebens angekommen ist. Mich erinnert dieser Vers zum einen an das Wort Jesu aus Johannes 14,2–3. Dort redet Jesus davon, dass wir bei ihm wohnen werden und er uns eigens eine Wohnung bereitet. Was für eine Aussicht: Nie mehr selber tapezieren müssen ... Jesus sagt: „... damit ihr seid, wo ich bin." Die Sehnsucht Gottes ist DER MENSCH. Jesus will uns für alle Zeit bei sich wissen. Aber nicht nur nach dem Verlassen dieser Welt. Schon jetzt, hier und heute will er Heimat geben. Du darfst heute Platz nehmen in Gottes Gegenwart. Du darfst heute wissen, dass er dir nahe ist, dich schützt, dich liebt, dich umsorgt. Wohne heute bei ihm.

Entscheide dich bewusst, in der Gegenwart Gottes zu leben. Lies Psalm 84 und 91,1–2.

5.

EPHESER 3,14–21

Gott beschenkt dich mit Gutem

In die Knie gehen

„Deshalb knie ich mich hin vor dem Vater …" Epheser 3,14

Vor wem gehst du in die Knie? Man benutzt diese Redensart, wenn einen etwas überwältigt. Meist geht es um etwas Negatives. Da sind Sorgen, die einen in die Knie zwingen. Ängste um die Zukunft. Andere hohe Berge, vor denen ein Mensch steht und die unüberwindbar scheinen. Ist man einmal in den Knien, hat man sich ergeben, seine Kapitulation bekannt, sein Aufgeben zum Ausdruck gebracht, dann hat man verloren und ist am Ende. Beuge ich meine Knie aber vor Gott dem Vater, bin ich am Anfang. Ich beginne, ihn über alles zu stellen: über die Angst, die Sorge und andere Probleme. Ich bekenne: „Vater, ich brauche dich. Greife ein. Tu ein Wunder, lenke du meine Situation!" In die Knie gehen vor Gott ist der Beginn, ihn machen zu lassen.

Lies heute Epheser 3,14–21.

Vaterbild

„... der der rechte Vater ist über alles, was da Kinder heißt ..." Epheser 3,15

Gott ist der echte, richtige, fehlerlose, liebevollste, barmherzigste ... Vater! Vielleicht bekommst du bei dem Begriff „Vater" Schnappatmung. Du willst gar nicht darüber nachdenken, weil deine Erfahrungen mit deinem Vater alles andere als gut waren. Aber Gott ist anders als dein Vater. In seinem Wort stellt er sich dir vor. In Jesus bekommt er ein Gesicht. Jesus sagt von sich: „Wer mich sieht, der sieht den Vater." Nimm dir in den nächsten Tagen doch Zeit, ein wenig von Jesus zu lesen, und behalte seinen Satz immer im Hinterkopf: „Wer mich sieht, der sieht den Vater." Dein Vaterbild erlebt dann Veränderung, wenn du dich mit dem Vater im Himmel und seinem Sohn Jesus beschäftigst. Lies, wie Jesus handelt, was er redet, wie er reagiert. Der Vater liebt dich, versorgt dich, kümmert sich um dich und hat einen wunderbaren Plan an diesem heutigen Tag und für deine gesamte Zukunft! Der Vater im Himmel kümmert sich um deine inneren und äußeren Verletzungen und vergibt dir deine Schuld.

Hier Texte, in denen du den Vater ganz neu kennenlernen kannst: Matthäus 6; Markus 2,1–12; Lukas 19,1–10; Johannes 15,9–17.

Leer

„Ich bitte Gott, euch aus seinem unerschöpflichen Reichtum Kraft zu schenken …" Epheser 3,16a

Mir fällt das Wort „unerschöpflich" ins Auge. Ich bin schnell mal erschöpft und auch ausgeschöpft. Meine Reserven sind irgendwann verbraucht, mein Innerstes ist plötzlich leer. Ich merke es dann, wenn ich stark gefordert bin. In der Arbeit, zu Hause. Ich sollte jetzt so reagieren, dieses sagen, jenes tun, aber ich merke: Ich schaffe es nicht wie von mir gefordert. Paulus wusste um unser Erschöpftsein. Er wusste, dass Gott darum weiß, dass wir manchmal leer sind. Deshalb betete Paulus damals für die Menschen in der Gemeinde. Sie sollten Gottes unerschöpfliche Kraft erfahren. Nie ist Gott am Ende. Immer hat er genug Liebe, Geduld und Freundlichkeit. Ständig ist er bereit, denen seine Kraft zuzuführen, die sie nötig haben, wollen und in denen er (Jesus) lebt: „Nicht mehr lebe ich. Christus lebt in mir" (Galater 2,20). Du darfst heute ganz ehrlich sein vor Gott. Ihm dein Erschöpftsein sagen und ihn bitten, dich ganz neu zu füllen.

Lies heute Psalm 138.

Sein Geist

„... damit ihr durch seinen Geist innerlich stark werdet." Epheser 3,16b

Wenn du Jesus in dein Leben aufgenommen hast, bekommst du den Heiligen Geist. Dieser Geist wohnt dann in dir. Die Bibel sagt sogar, dass dein Körper ein Tempel des Heiligen Geistes ist (1. Korinther 3,16). Dieser Geist schafft etwas in dir. Wenn du magst, nimm dir ein bisschen Zeit, um die Stellen nachzulesen und auf dich wirken zu lassen:

Er schafft in dir einen neuen Charakter – Galater 5,22.
Er schafft in dir Gaben – 1. Korinther 12,7–11.
Er schafft in dir das Bewusstsein, Gottes Kind zu sein – Römer 8,14–17.
Er schafft in dir Kraft, Liebe und Besonnenheit – 2. Timotheus 1,7.
Er macht Jesus in dir groß – Johannes 16,14.
Er schüttet Gottes Liebe in dein Herz aus – Römer 5,5.

Zu viele Stellen? Nimm sie häppchenweise, kaue sie langsam, genieße sie Stück für Stück und dann bitte Jesus zum Schluss: „Herr, füll mich neu, füll mich neu mit deinem Geist!"

Was für eine Kraft

„Mein Gebet ist, dass Christus durch den Glauben in euch lebt…" Epheser 3,17a

Wenn Christus in dir lebt, dann…

… hast du eine Kraft in dir, die größer und stärker ist als alles, was es auf dieser Welt gibt;
… hast du einen unerschöpflichen Reichtum an Liebe in dir;
… kannst du den Menschen vergeben, genauso, wie Christus dir vergeben hat;
… wohnt in dir eine Hoffnung, die jeder Situation deines Lebens eine Chance gibt;
… kannst du ruhig bleiben, obwohl dir nach Ausrasten zumute ist;
… siehst du die Dinge, die passieren, und die Menschen, die dir begegnen, aus Gottes Perspektive.

Jesus ist nicht nur *bei* dir. Er ist *in* dir. Vergegenwärtige dir das heute. Du bist eine Wohnung für Christus geworden. Erlaube ihm heute, diese Wohnung so zu gestalten, so zu tapezieren, so zu dekorieren, wie er das möchte. Und denk daran: Der, der in dir ist, ist stärker als der, der in der Welt ist (1. Johannes 4,4).

Was bedrängt dich gerade? Was regt dich auf? Was ärgert dich? Was ängstigt dich? Jesus in dir ist stärker!

Nicht gut genug!?

„In seiner Liebe sollt ihr fest verwurzelt sein; auf sie sollt ihr bauen." Epheser 3,17

Ich muss immer wieder zu dem Gedanken kommen, dass Gott mich liebt. Wir tun so vieles, was der Liebe nicht wert ist. Menschen können ungeduldig, rechthaberisch, verletzend, egoistisch, streitsüchtig und launisch sein.

Dann aber bedenke ich einen Bibelvers aus dem Römerbrief, Kapitel 5: „Darin zeigt Gott seine Liebe, dass Christus für uns starb, als wir noch Sünder waren."

Meine und deine Fehler sind kein Hinderungsgrund dafür, dass Gott liebt. Er liebt dich und mich bedingungslos. Wenn du das begriffen hast, dann wird diese Liebe dein Verhalten, dein Reden und dein Handeln verändern. Du musst in der Liebe Gottes verwurzelt sein. Wie eine Blume, gepflanzt im Erdreich, wächst und gedeiht, so du in der Liebe, die Gott zu dir hat. Aus Liebe vergibt er dir alle deine Schuld. Aus Liebe fängt er jeden Tag neu mit dir an. Aus Liebe gibt er sein Wesen in dich hinein. Aus Liebe sagt er Ja zu dir. Hast du schon Ja zu ihm gesagt? Nimm seine Liebe für dich heute an.

Lies Römer 5,6–11.

Liebe, die verändert

„Ja, ich bete, dass ihr seine Liebe versteht, die doch weit über alles verstehen hinausreicht, und dass ihr auf diese Weise mehr und mehr mit der ganzen Fülle des Lebens erfüllt werdet, die bei Gott zu finden ist." Epheser 3,19

Das, was du anschaust, prägt dich und füllt dein Inneres. Gott wünscht sich, dass du seine Liebe anschaust, aufnimmst und dadurch mit seiner Fülle gesegnet wirst. Was ist in seiner Fülle enthalten?

Bedingungslose Liebe dir gegenüber.
Versorgung aller inneren und äußeren Bedürfnisse.
Wissen, das Gott dich führt und einen Plan für dein Leben hat.
Hoffnung auf Ewigkeit bei Gott, deinem Vater.
Veränderung deines Charakters durch die Kraft des Heiligen Geistes.

Wenn du die Liebe Gottes mehr und mehr verstehst, dann füllt diese Erkenntnis dich mit der ganzen Gottesfülle.

Lies 1. Korinther 13,1–7. Überall dort, wo das Wort „Liebe" steht, setze „Jesus" ein. So erkennst du, was Gottes Liebe ist und tut. Und so erlebst du Veränderung.

Glaube für dich selbst

„Gott aber kann viel mehr tun, als wir jemals von ihm erbitten oder uns auch nur vorstellen können. So groß ist seine Kraft, die in uns wirkt." Epheser 3,20

Gott hat grenzenlose Kraft. Er kann alles tun, was er will. Er ist imstande, mehr zu wirken, als wir erbitten können. Aber bedenke, worauf dieser Vers zielt: genau! Auf dich und dein Inneres! Ich habe nicht selten starken Glauben für andere. Ich kann für Menschen beten und mit ihnen hoffen, dass Gott ganz viel in ihrem Leben tut. Schaue ich auf mein Leben und vor allem auf mein Innenleben, sehe ich Ungeduld, Charakterschwäche, liebloses Verhalten. Wie gerne würde ich etwas an mir ändern, aber ... Dann beginne ich, mich zu rechtfertigen: Das ist eben mein Charakter, ich bin halt so, man kommt schwer aus seiner Haut ... Aber dann werde ich erinnert: Gott kann mehr in MIR tun, als ich es mir jemals vorstellen könnte.

Lieber Leser, Gott wirkt mit seiner grenzenlosen Kraft in DIR. Er verändert DICH. Obwohl du dir es vielleicht nicht vorstellen kannst.

Lies 2. Korinther 5,17–21.

Schreib auf …

„Deshalb wollen wir ihn mit der ganzen Gemeinde durch Jesus Christus ewig und für alle Zeiten loben und preisen." Epheser 3,21

Das Gebet des Paulus beginnt mit der Aufforderung, vor Gott zu knien. Knien ist ein Zeichen der Ehrerbietung.

Das Gebet endet mit dem Aufruf, Gott zu loben. Loben bedeutet: Gott groß machen. Er ist es wert, dass ich mich vor ihm hinknie und ihn groß mache.

Nimm dir heute ein wenig Zeit, Zettel und Stift zur Hand und beginne damit, aufzuschreiben, wofür Gott lobenswert ist. Dein Leben ist vielleicht gerade überlagert von allem möglichen. Es gibt so vieles, das den Raum deines Herzens einnehmen möchte. Du bist getrieben, gehetzt, reizüberflutet. Vor so vielem gehst du in die Knie. So vieles ist da, was in deinem Leben groß wird oder bereits ist.

Schreibe ein paar Dinge auf, in denen du seine Größe in deinem Leben siehst. Dann beginnst du, wieder richtig zu sehen, Jesu neu in den Mittelpunkt zu rücken und aus der Kraft des Lobes Gottes zu leben.

Lies heute Offenbarung 5,11–14.

6.

PSALM 91

Gott beschenkt dich mit Gutem

Hinsetzen

„Wer unter dem Schirm des Höchsten sitzt und unter dem Schatten des Allmächtigen bleibt…" Psalm 91,1

Wie sieht dein Alltag aus? Wahrscheinlich nicht weniger gefüllt als bei anderen auch. Es gibt so viel zu durchdenken, zu planen, zu tun. Die Sehnsucht nach Ruhe und Zeit und innerem Frieden nimmt zu. Dieser Vers heute lädt dich ein. Er lädt dich ein, Platz zu nehmen, dich hinzusetzen. Nicht um irgendetwas zu tun, sondern dir bewusst Zeit zu nehmen für Gott. Du setzt dich in seine Gegenwart. Nimmst deine Bibel, eine Tasse Kaffee oder einen Tee. Du machst dir bewusst, dass er der Höchste und allmächtig ist. Du bleibst dort sitzen und lässt dich nicht ablenken. Der Anruf kann warten, ebenso der Abwasch, die Antwort per WhatsApp und auch die Wäsche. Ob zehn Minuten oder mehr – spielt keine Rolle. Das Bleiben drückt sich in der Regelmäßigkeit aus. Viele wenden sich erst dann an Gott, wenn ihnen das Wasser bis zum Hals steht. Er möchte, dass du täglich bei ihm Platz nimmst.

Lies Lukas 10,38–42.

Wer sagt was?

„... der sagt zu dem HERRN: Meine Zuversicht und meine Burg, mein Gott, auf den ich hoffe." Psalm 91,2

Wer sagt das? Psalm 91 beginnt damit, dass er dir einen Ort zuweist, an dem du sein sollst. Dieser Ort ist die Gegenwart Gottes. Zu jeder Zeit und an jeder Stelle ist dieser Ort da. Es gibt dafür keine sakrale Anordnung. Wenn Christus in dir lebt, dann ist Gott da, wo du gerade bist. In seiner Gegenwart schöpfst du Kraft, Mut und Zuversicht. Hier ist der Ort, wo du deine Fragen, Zweifel und Ängste abgeben kannst. Wer regelmäßig diesen Ort aufsucht, um mit seinem Gott ins Gespräch zu kommen, der gewinnt eine innere Haltung und spricht: Gott ist meine Zuversicht und meine Burg. Ich wünsche dir, dass du das von Herzen sagen kannst. Nimm dir Zeit für ihn, damit er dich prägen kann. Was nicht regelmäßig geschieht, das geschieht in der Regel mäßig. Die Zeit mit Gott ist keine fromme Pflicht, sondern ein Gang zur Tankstelle Gottes. Hier füllt er dich mit Zuversicht und dem Wissen, dass er ein starker Gott ist.

Flieg los

„Ja, er rettet dich wie einen Vogel aus dem Netz des Vogelfängers." Psalm 91,3

Ein Vogel in einem Netz gefangen, ist nicht mehr in der Lage, sich frei zu bewegen und das zu genießen, wozu er bestimmt ist. Der Psalm nimmt dieses Bild auf und überträgt es auf dein Leben. Vielleicht erlebst du gerade auch, dass es dir schwerfällt, dich frei, ungezwungen und glücklich zu bewegen. Du machst dir viele Sorgen darum, was die Zukunft bringt, ob du gesund bleibst, ob du anerkannt bist ... Die inneren Sorgen stutzen deine Lebensflügel. Du bist nicht frei, kannst nicht erkennen und genießen, was Gott dir schenkt und wozu du heute lebst. Aber da ist Gott, der dich sieht und dich von deiner inneren Not retten und freimachen möchte. Er möchte, dass du dich heute freust und dich von ihm geliebt weißt. Gib ihm deine Sorge, wirf sie auf ihn, denn er sorgt für dich (1. Petrus 5,7), und flieg los. Hinein in diesen Tag. Frei vom Netz, das dich binden möchte.

Lies Psalm 118,24–29.

Beschützt

„Er deckt dich schützend mit seinen Schwingen, unter seinen Flügeln findest du Geborgenheit. Seine Treue gibt dir Deckung, sie ist dein Schild, der dich schützt." Psalm 91,4

Psalm 91 ist ein sehr bildhafter Psalm. Viele Vergleiche und Bilder darin laden dich ein, ihn auf dein Leben zu übertragen. Heute sagt uns der Vers, dass Gott uns schützen möchte. Hast du das Bild einer Henne vor Augen, unter deren Flügel sich ihre kleinen Küken sammeln? Die Kleinen suchen Schutz und Sicherheit. Sie wissen intuitiv, dass sie allein und ohne den Schutz ihrer Mutter nicht überleben können.

Gott möchte, dass du dein Leben nicht losgelöst von ihm lebst. Er will nicht, dass du den Helden spielst und dich auf deine Kraft und Fähigkeit verlässt. Er möchte, dass du dich bei ihm aufhältst. Er möchte dein Schutz sein, wenn Menschen oder Situationen sich vor dir aufbäumen und dich bedrohen. Du darfst wieder klein und hilflos werden, wie ein Küken. Dich abhängig machen von Gott. Zugeben, dass du Angst hast …

Lies 2. Korinther 12,9–10.

Herr, dein Wort …

„Seine Wahrheit ist Schutz und Schild …" Psalm 91,4b

Der Wahrheitsbegriff ist umkämpft. Viele möchten nicht, dass es die eine Wahrheit gibt. Wahrheit ist für viele das, was alle für wahr halten oder auch was jeder für sich persönlich als Wahrheit empfindet. Die Bibel ist an dieser Stelle klar. Jesus sagt in Johannes 17,17 im Gebet zu seinem Vater: „Dein Wort ist Wahrheit." Die Bibel gibt dir Orientierung über Wahrheit und Lüge. Sie sagt dir, was Gott denkt, wie er ist und was kommen wird. Jesus hat die Bibel geliebt, gelesen und gelehrt. Du sollst es ebenso tun. Warum? Weil sie dir Schutz und Schild ist. Die Verse der Bibel rücken dein Denken zurecht. Sie sagen dir, was Gott über dich denkt. Sie sagen dir, wo du mit deinen Ängsten, Herausforderungen und Sorgen hingehen kannst. Lies die Bibel! Nicht, um bei Gott gut dazustehen. Sondern um Kraft, Schutz und Orientierung für dein Leben zu bekommen. Hier eine Strophe aus einem bekannten Lied über das Wort Gottes, die Bibel:

Herr, dein Wort, die edle Gabe. Diesen Schatz erhalte mir.
Denn ich zieh es alle Habe und dem größten Reichtum für.
Wenn dein Wort nicht mehr soll gelten,
worauf soll der Glaube ruhn?
Mir ist nichts um tausend Welten, aber um dein Wort zu tun.

(Nikolaus Ludwig Graf von Zinzendorf, 1725)

Schlaf gut

„... damit du nicht vor dem Grauen der Nacht erschrecken musst ...“ Psalm 91,5a

Ich bewundere Menschen, die richtig tief und gut schlafen können. Ich kenne aber auch Personen – zu denen gehöre ich zwischenzeitlich auch –, die nicht gut schlafen können, immer wieder wach werden und ins Grübeln verfallen. Irrsinnigerweise versucht man dann, sich mit Problemen zu beschäftigen, die man zu dieser Nachtzeit überhaupt nicht lösen kann. Und am anderen Morgen ärgert man sich darüber, dass die Nacht von diesen Problemen so eingenommen wurde.

Psalm 91 will dir und mir Sicherheit vermitteln: Unser Leben ist in Gottes Hand. Er ist meine Zuversicht (Vers 2). Er ist mein Retter (Vers 3). Er ist meine Zuflucht (Vers 4). Weil Gott dies alles ist, deshalb kann ich ruhig schlafen. Statt mich zu sorgen, kann ich mich an dies alles erinnern und beginnen zu danken und das Wort Gottes zu zitieren. Jeden Abend, bevor ich einschlafe, bete ich Psalm 4,9: „Ich liege und schlafe ganz in Frieden. Denn allein du HERR, hilfst mir, dass ich sicher bin.“

Lies Psalm 4.

Pfeile

„Damit du nicht vor dem Grauen der Nacht erschrecken musst vor den Pfeilen, die am Tag fliegen …" Psalm 91,5b

Gott will dir nah sein und helfen, in der Nacht und auch am Tag. Der Vers spricht von Pfeilen, die tagsüber fliegen können. Ein Pfeil könnte Streit heißen. Du ärgerst dich über eine Person. Der Pfeil kommt, trifft dich, du reagierst und schon eskaliert es. Ein anderer Pfeil heißt Stress. Wie ein Hamster im Rad bist du unterwegs. Unentwegt läufst du auf Hochtouren, nie zufrieden mit dem bisher Geleisteten, ständig unter Druck, noch mehr tun zu müssen. Ein weiterer Pfeil heißt Sorge. Was wird passieren? Was wird die Zukunft bringen? Wird Gott mir beistehen oder werde ich sang- und klanglos untergehen? Minderwertig, so heißt ein anderer Pfeil. Du denkst, du bist nicht gut genug. Im Vergleich mit anderen schneidest du schlecht ab. Die anderen können immer alles, aber bei dir läuft es nicht. Wenn solche Pfeile auf dich zukommen, dann ist Gott dein Schutz!

Lies Epheser 6,10–17. So schützt du dich!

Drei Gedanken

„Wenn tausend an deiner Seite fallen und zehntausend zu deiner Rechten, wird es doch dich nicht treffen." Psalm 91,7

Psalm 91 erklärt, dass sich Gott um dich kümmert und dich bewahrt. Drei Gedanken zu diesem Vers:

1. Bete ihn für dich und deine Familie. Wir tun das immer wieder bei uns zu Hause. Wenn wieder mal etwas „rum" geht, beten wir, dass Gott uns davor bewahrt. Wir stellen uns und unsere Kinder unter Gottes Schutz.

2. Wir werden nicht vor allem bewahrt. Wenn dich trotzdem mal etwas trifft, dann verzweifle nicht oder halte diesen Vers nicht für falsch. Du lebst in einer gefallenen Welt, dein Körper ist vergänglich und viele Personen der Bibel litten. Aber wenn dich etwas trifft, dann vergiss nicht: Gott hat es zugelassen, du erlebst ihn als den Gott, der dich wieder gesund macht.

3. Es wird mich nicht treffen im Sinne von: „Es wird mich nicht verzweifeln lassen." Als Christ kannst du, selbst in Not und Unglück, Gottes Frieden erleben und fröhlich sein, weil er da ist. Mit Gott hast du trotzdem Hoffnung und Zukunft.

Im Fußballstadion

„Denn er hat seinen Engeln über dir befohlen, dich auf allen deinen Wegen zu behüten." Psalm 91,11

Ich war 12 Jahre alt. Zwei Freunde nahmen mich mit zu einem Bundesligaspiel. Ich wurde eingeladen, hatte also kein Geld dabei. Dort angekommen, ging einer der beiden zum Kartenverkauf. Als er wieder kam, hatte er zwei Karten in der Hand. Er gab die eine meinem anderen Freund, die andere behielt er für sich. Die Karten waren teurer als gedacht. Sein Vorschlag war dann, dass ich warte, bis das Spiel zu Ende ist, und sie mich dann an derselben Stelle abholen würden. Angst überkam mich. Tausende Menschen und ich ganz allein. Ich betete: „Jesus, hilf mir!" Plötzlich stand eine Frau vor mir. Sah ganz normal aus. Sie fragte: „Brauchst du eine Karte?" Ich sagte: „Ja." Sie drückte mir eine in die Hand und sagte: „Schenk' ich dir."

Gott schickt manchmal seine Engel. Du sollst sie nicht anbeten, sie nicht anrufen. Sie sind Diener Gottes zum Wohl der Kinder Gottes. Ob sichtbar oder unsichtbar: Gottes Engel sind um dich am heutigen Tag.

Jetzt redet Gott

„So sagt nun der HERR: ‚Weil er mit ganzer Liebe an mir hängt, will ich ihn befreien.'" Psalm 91,14a

Die letzten Sätze des Psalm 91 sind besondere. Jetzt spricht Gott selbst. Wenn er spricht, gilt es, die Ohren zu spitzen. „Weil er mit ganzer Liebe an mir hängt …" Gott liebt es, geliebt zu werden. Er möchte, dass du ihn liebst. Wie kommt das zum Ausdruck? Indem du z. B. das tust, was in den ersten Versen von Psalm 91 steht: Zeit mit ihm verbringen, sich vor ihn setzen, mit ihm sprechen, ihn das Leben führen lassen, ihn bitten, zu helfen, ihn loben und ihm danken, einfach den Alltag mit ihm leben. Du darfst dich an ihn hängen, dich abhängig machen von ihm, dich führen lassen durch diesen Tag. Wer den Tag mit ihm begeht, der erlebt ihn. „…will ich ihn befreien", verspricht Gott. Brauchst du heute Befreiung? Er befreit dich vom Zorn gegenüber deinem Nächsten, von der Angst vor Corona, von Süchten, die dich quälen, von Mut- und Freudlosigkeit. Häng dich an ihn, liebe deinen Gott, er greift befreiend in dein Leben ein.

Ein guter Vater

„Er kennt meinen Namen, darum will ich ihn schützen." Psalm 91,14b

Gott hat viele Namen. Von einem kannst du im Neuen Testament lesen: Abba, Vater! Er ist ein Papa, ein dir zugeneigter barmherziger und dir gönnender Vater. Kennst du diesen Abba? Wenn du Jesus als deinen Herrn in dein Leben hineinlässt, dann wirst du Kind Gottes und erlebst diesen Vater in deinem Leben. Er will dich schützen, so sagt es der Bibelvers. Wovor? Was treibt dich gerade um? Vielleicht die Angst vor dem Virus, das umgeht? Du bist geneigt, dich in die Panik mit hinein treiben zu lassen? Bete um Schutz für dich, deine Familie, unser Land. Vielleicht brauchst du Schutz vor Unglauben, Schutz davor, auszurasten, Schutz vor falschen Entscheidungen … Der Abba-Vater will heute mit dir sein. Er liebt dich und stellt sich schützend vor dich! Er möchte dich bewahren vor Panik und Hoffnungslosigkeit. Geh heute mit ihm um. Sprich mit ihm. Gib ihm deine Sorgen. Er hat dein Leben und Erleben in seiner Hand.

Lies Römer 8,28–39.

Gott ist da!

„Ruft er mich an, so will ich ihn erhören; ich bin bei ihm in der Not, ich will ihn befreien und zu Ehren bringen." Psalm 91,15

Es gibt Verse in der Bibel, die treffen genau unsere Lebenssituation. Manchmal erleben wir viel Unsicherheit und Kampf. Die Bibel gibt Mut und Zuversicht. Christen sollen Gott anrufen. Er verspricht, zu hören und zu erhören. Er verspricht, uns zu befreien und erhobenen Hauptes aus der Kampfsituation zu führen. Bitte ihn heute für dich um Schutz und Bewahrung. Bitte für deine Familie. Bitte für schwierige Situationen, für Entscheidungen, die du treffen musst. Bitte Gott – Er hört dich! Gott ist da! In seiner Hand bist du geborgen. Unter seinem Schutz steht dein Leben. „Nichts kann geschehen, was Gott nicht hat ersehen." So wünsche ich dir Gottes Frieden und seine Nähe an diesem Tag.

Lies Psalm 139.

Was Gott dir gönnt

„Ich schenke ihm ein erfülltes und langes Leben und zeige ihm, wie ich Rettung schaffe." Psalm 91,16

Gott ist es, der über die Länge deines Lebens wacht. „Meine Zeit steht in deinen Händen", so sagt es die Bibel. Dein Leben soll erfüllt sein. Gott wünscht sich, dich mit seinem Guten zu füllen. Womit bist du zur Zeit erfüllt? Ärger, Sorge, Angst, Wut, Enttäuschung …?

Dein Leben kann mit diesen oder anderen negativen Dingen erfüllt sein. Aber das ist nicht das, was Gott sich für dich wünscht. „Ich bin gekommen, um dir Leben und volles Genüge zu geben", sagt Jesus (Johannes 10,10). Er hat volle Liebe, Barmherzigkeit, Güte, Freude, Sanftmut, Selbstbeherrschung, Freundlichkeit … für dich. Entscheide dich dafür, das Gute Gottes zu erbitten und dich damit füllen zu lassen. Dies wird dein Leben reich und zufrieden machen.

7.

NAMEN GOTTES

Gott beschenkt dich mit Gutem

Der schönste Name

„Sie alle sollen den Namen des Herrn loben, denn sein Name allein ist hoch." Psalm 148,13

In den nächsten Andachten werde ich einiges zum Thema „Namen Gottes" schreiben. Sein Name soll gelobt werden. Hinter seinen Namen stecken Eigenschaften, die es zu entdecken gilt und die ihn besonders machen. Im Neuen Testament ist Jesus der Name über allen Namen. Vor Jesus und diesem Namen werden sich alle Knie beugen und alle Menschen werden bekennen müssen, dass er der Herr ist. Es ist gut, wenn du dies schon jetzt tust. Heute möchte Jesus alle Ehre haben. Er möchte bekannt sein als Herr deines Lebens. Vielleicht gibt es gerade viel anderes, vor dem du deine Knie beugst und das du zum Herrn deines Lebens machst. Da ist ein Hobby, Geld, Sorgen, Menschenmeinungen oder anderes. Etwas nimmt dein Herz so sehr ein, dass du es unbewusst zum Herrn machst. Jesus möchte diesen Platz haben. Gib ihm die Ehre und mache dich von ihm abhängig. Er meint es gut mit deinem Leben und ist ein liebevoller Herr!

Lies Philipper 2,5–11.

El-Elyon

„Sie alle sollen den Namen des Herrn loben, denn sein Name allein ist hoch." Psalm 148,13

Ein Name Gottes in der Bibel ist El-Elyon. El ist die Abkürzung für Elohim, was einfach Gott bedeutet. El-Elyon heißt allerhöchster Gott. Es gibt keinen, der so hoch wie er ist. Gott ist die absolute Autorität und steht weit über allem. Dieser Name bedeutet für mich, dass er sowohl über meinem Leben steht als auch über allem Geschehen in dieser Welt. Er sieht auch dein Leben. Er hat den Überblick; weiß, was als Nächstes dran ist, kennt deine Umstände, Kämpfe, Entscheidungen. Und er weiß, was in der Welt los ist. Er sieht politische Beben und Ungerechtigkeiten. Über all dem sagt er in der Bibel: „Siehe, ich mache alles neu" (Offenbarung 21,5). Der Allerhöchste wird das letzte Wort sprechen. Über dein Leben und über diese Welt. Du kannst heute im Schutz des Höchsten wohnen.

Lies Psalm 91,1–2. Dort wird El-Elyon vorgestellt. Du darfst dich und deine Familie unter seinen Schutz stellen und in diesem Schutz Ruhe finden.

„Sabine“

„Unsere Hilfe steht im Namen des HERRN, der Himmel und Erde gemacht hat.“ Psalm 124,8

Ein Name machte Anfang 2020 Schlagzeilen: „Sabine“. Ein orkanartiger Sturm, der einige Teile in Deutschland heimsuchte. Ich bin ehrlich: Ein bisschen mulmig war mir dabei schon. So ein Sturm ist nichts, was man aufhalten, regeln oder gestalten könnte. Man ist schutzlos ausgeliefert. „Sabine“, dieser Name konnte dich einnehmen. Aber du darfst einen anderen Namen dagegen stellen. Deine und meine Hilfe steht im Namen des HERRN. Wenn in der Bibel die Buchstaben HERR groß geschrieben sind, steht im Hebräischen das Wort Jahwe. Dies ist der Eigenname Gottes. Mit diesem Namen hat er sich damals dem Volk Israel vorgestellt. Und dann zeigte er, was ihr HERR alles konnte. Er half, rettete, schützte, bewahrte, führte, tat Wunder … Heute ist Jahwe dein HERR. Größer, stärker, wichtiger als „Sabine“. Lasst uns heute unseren HERRN anrufen und ihn für unser Land um Bewahrung bitten.

Lies Matthäus 8,23–27.

Gott Jakobs

„Glücklich aber ist der Mensch, der seine Hilfe von dem Gott Jakobs erwartet! Glücklich ist, wer seine Hoffnung auf den HERRN setzt!" Psalm 146,5

Heute stellt dir die Bibel Gott als „Gott Jakobs" vor. Jakob ist einer der Erzväter Israels. Gott gibt ihm einen neuen Namen, als Jakob in einer Nacht mit Gott kämpft. In dieser Nacht sagt Jakob zu Gott: „Ich lasse dich nicht los, bis du mich gesegnet hast." So sehr wollte Jakob den Segen Gottes. Dann ändert Gott seinen Namen in *Israel*. Der Gott Jakobs ist gleichzeitig der Gott Israels. Vielleicht stehst du gerade vor einer Situation, in der du den Segen Gottes so dringend brauchst. Da ist innere oder äußere Not. Da ist eine Entscheidung zu treffen, ein Mensch zu begleiten, der Alltag zu gestalten. Da ist ein Konflikt mit einer Person und du weißt nicht recht zu reagieren. Erwarte Hilfe vom Gott Jakobs. Gehe in die Gebetshaltung Jakobs und bete in deiner Situation: „Ich lasse dich nicht los, bis du mich gesegnet hast."

Lies 1. Mose 32,25–29.

El-Shaddai

„Als Abram 99 Jahre alt war, erschien ihm Jahwe und sagte: ‚Ich bin El-Shaddai – Gott, der Allmächtige.'" 1. Mose 17,1

Gott begegnete Abram. In diesem Kapitel 17 ändert Gott Abrams Namen in *Abraham*, was soviel wie „Vater vieler Völker" heißt. Gott sagt zu Abram: „Ich bin El-Shaddai – Gott der Allmächtige." Diese Erinnerung hat Abraham bitter nötig. 99 Jahre ist er. Er hat kein Kind mit seiner Frau Sara. Aber genau das hat Gott ihm 24 Jahre zuvor versprochen. Ein Kind. Einen Nachkommen. Aber bisher traf dieses Versprechen nicht ein. Und jetzt ist er 99 Jahre alt. Zu alt. Jetzt ist es zu spät. Wie soll er in einem so hohen Alter noch ein Kind bekommen? Seine Sara ist zehn Jahre jünger und menschlich gesehen ebenfalls zu alt für ein solches Unternehmen. Was ist in deinem Leben „zu" verfahren, schwierig, groß, unmöglich, festgefahren …? Gott ist El-Shaddai – der allmächtige Gott. Er ist größer als deine begrenzte Sicht. Er kann mehr, als du glaubst! Vertraue ihm deine Unmöglichkeit an.

Lies Römer 4,16–21.

El-Roi

„Du bist ein Gott, der mich sieht …" 1. Mose 16,13

Dieser Satz stammt von Hagar, einer Frau, die in die Wüste fliehen musste. Sie ist verzweifelt, gedemütigt und heimatlos. Aber Gott sieht sie in ihrer Wüste. Er redet mit ihr. Gibt ihr Versprechen und baut sie wieder auf. „El-Roi", ruft sie anschließend aus. „Du bist ein Gott, der mich sieht", bedeutet dies. Keiner sah ihr Innerstes. Keiner wusste, wie sie sich fühlte. Aber Gott sah sie. Und Gott sieht auch dich. Nicht mit einem Auge der Strafe. Sondern mit Augen der Liebe. Bist du gerade in einer Wüstenzeit? Gott sieht! Brauchst du Hoffnung und Perspektive? Gott sieht! So ist sein Name El-Roi! Dein Leben gleitet ihm nicht aus den Augen. Er leitet dich mit seinen Augen (Psalm 32,8).

Lies 1. Mose 16,7–14.

Jahwe Makkadeschem

„... damit ihr erkennt, dass ich der Herr bin, der euch heiligt.“ 2. Mose 31,13

Viele Menschen versuchen, Gott durch eigene Leistung zu gefallen. Sie wollen gute Leute sein. Sie bemühen sich, freundlich, nett und hilfsbereit zu leben. Wenn sie Christen sind und sie mal einen Tag erwischen, der nicht so freundlich abläuft und sie merken, dass sie mit ihrem Gutsein an ihre Grenzen stoßen, fallen sie in Selbstanklage. Sie haben plötzlich Angst, dass Gott sie nicht mehr liebt oder sie verstößt. Sie versprechen ihm, das nächste Mal wieder nett zu sein. Ihr Leben besteht darin, Leistung vor und für Gott zu bringen.

Der oben genannte Name Gottes soll dich entlasten. Jesus ist für deine Schuld gestorben. Er hat dir vergeben und neues Leben geschenkt. Er hat dir seinen Geist gegeben und sein Wesen in dich hineingelegt. Warst du nicht heilig? Dann versprich ihm nichts, sondern bitte ihn, dich zu prägen und zu verändern. Er ist Jahwe Makkadeschem – der Herr, der dich heiligt.

Lies 1. Thessalonicher 5,23–24.

Gott des Friedens

„Er aber, der Gott des Friedens …" 1. Thessalonicher 5,23

Gott ist ein Gott des Friedens. Wie kannst du diesen Frieden erleben? Hier ein paar Voraussetzungen:

1. Entscheide dich, dich zu freuen, anstatt zu meckern. Freude über Gott, über das, was er ist, und darüber, dass er da ist, ist eine gute Voraussetzung, im Frieden zu leben.
2. Sei freundlich zu anderen. Rede nicht schlecht. Begegne dem Anderen mit Achtung und Respekt.
3. Sorge dich nicht. Sorgen wühlen auf und offenbaren, dass du Jesus noch nicht genug vertraust. Er hat alles, was dich betrifft, im Griff!
4. Bleibe im Gebet für deine Anliegen. Du darfst ihm in den Ohren liegen.
5. Danken nicht vergessen. Danken für die Kleinigkeiten des Lebens. Wahrnehmen, was Gott schon alles Gutes getan hat.

In Philipper 4,4–7 stehen diese fünf Voraussetzungen dafür, den Frieden Gottes in sich zu erleben.

Abba – dein Papa I

„Abba, Vater, alles ist dir möglich. Nimm diesen Kelch von mir …“ Matthäus 14,36

Jesus ist voller Verzweiflung im Garten Gethsemane. Er soll getötet werden. „Meine Seele ist betrübt, bis in den Tod“, so ist seine Gefühlslage. Wenn die Seele so sehr betrübt ist, was ist dann zu tun? Jesus macht es dir heute vor. Er wendet sich an seinen Vater im Himmel. Aber er sagt nicht einfach nur „Vater“. Er sagt: „Abba, Vater“. Er benutzt ein Wort, das eine innere Vertrautheit und Liebe ausdrückt. Wir würden dieses Wort mit „Papa“ oder „Papi“ wiedergeben. Jesus wusste um seinen Papa, der sich jetzt kümmert, der seiner Seelennot begegnet. Weißt du um diesen Papa im Himmel? Er sorgt sich um dich. Er will mit dir sein. Er bewahrt nicht vor allem Leid, aber er ist da, in allem Leid. Wie bekommst du diesen Papa? Jesus sagt: „Ich bin der Weg, die Wahrheit und das Leben. Niemand kommt zum Vater, als nur durch mich“ (Johannes 14,6). Wenn du an Jesus glaubst, dann hast du diesen „Papa“.

Abba – dein Papa II

„Ihr habt den Geist empfangen, der euch zu Kindern Gottes macht, den Geist, in dem wir ‚Abba!', Vater, zu Gott sagen." Römer 8,15

Abba bedeutet so viel wie „Papa". Es ist eine Anrede, die ein kleines Kind gegenüber seinem Vater benutzt. So innig, so vertraut, so kindlich, so tief kann deine Beziehung zu Gott sein oder werden. Er möchte sich um dich kümmern, wie ein Papa sich um sein Kind kümmert. Wenn das Kind verletzt ist, dann kommt der Papa und versorgt die Wunde. Wenn Not ist, dann hilft der Papa heraus. Wenn das Bedürfnis ist, in den Arm genommen zu werden und die Liebe des Papas zu spüren, dann nimmt er in den Arm und spricht seine Liebe zu. So ist Gott im Himmel. Wie ein Papa. Hast du Verletzungen? Oder Not? Oder das Bedürfnis, geliebt zu werden? Dann gehe heute zu ihm und bitte ihn, dir seine Abba-Liebe zu zeigen. Er erfülle dich mit seinem Geist, der in dir wirkt und dir deutlich macht, dass du ein Kind Gottes bist (Römer 8,15).

Lies heute Römer 8,14–17.

Geduld und Ermutigung

„Der Gott der Geduld und der Ermutigung …“ Römer 15,5a

So ist Gott. Vielleicht denkst du das gar nicht. Du möchtest Gott gerne gefallen; so leben, wie er es möchte, so lieben, so freundlich sein. Aber das Leben fordert dich, dein Verhalten und deine Reaktionen ganz schön heraus. Die Kinder, der Ehepartner, der Nachbar oder wer auch immer raubt dir die Nerven. Du regst dich auf, ärgerst dich. Zuerst über den Anderen, anschließend über dich. Mist, schon wieder nicht so reagiert, wie es Gott will.

Lass dir heute zusagen, dass Gott Geduld mit dir hat. Er gibt nicht auf, wenn Veränderung in dir sich nicht einstellt. Im Gegenteil! Er macht Mut, weiter zu glauben und zu hoffen, dass seine Veränderung in dir sich irgendwann niederschlagen wird. Gehe zu ihm. Hole dir Geduld und Ermutigung für dein Leben ab. Wenn du dich davon prägen lässt, dann wirst du selbst jemand, der diese Eigenschaften leben kann und damit andere Menschen segnet.

Lies Hesekiel 36,26–27.

Gott der Hoffnung

„Der Gott der Hoffnung aber erfülle euch mit aller Freude und mit Frieden im Glauben, dass ihr überströmt in der Hoffnung durch die Kraft des Heiligen Geistes!“ Römer 15,13

Gott hat immer Hoffnung in sich. Nie ist er über dich oder den Rest der Menschheit so deprimiert, dass ihm alle Hoffnung dahinschwindet. Dieser Titel „Gott der Hoffnung“ macht mir Mut. Er gibt dich und mich nie auf. Siehst du gerade um dich herum nur Dunkelheit, dann sieht er schon das Licht am Ende des Tunnels.

Heute darfst du dein Leben, dein Erleben, die Situationen, die gerade nicht so hell sind, ihm geben. Auch wenn du keine Lösung siehst, er hat schon eine. Vertraue ihm. Er möchte dich heute berühren. Er erfüllt dich mit „aller Freude“ und mit seinem Frieden. Vielleicht fällt es dir schwer, dich zu freuen, und in dir ist es alles andere als friedlich. Der Text sagt, dass er dich füllen möchte. Öffne deine Hand und bitte ihn, dich zu füllen. Er hat alles, was du für dein Heute brauchst.

Lies Psalm 118,24–29.

Dein Vater will dein Bestes

„Unser Vater im Himmel …“ Matthäus 6,9a

Jesus lehrt seine Nachfolger über das Gebet. Er bringt ihnen bei, wie sie sich Gott gegenüber geben sollen. Sie sollen in ihr Zimmer gehen, die Türe hinter sich schließen und beten. Gott sieht ihr Gebet, hört es und wird reagieren. Wenn sie beginnen zu beten, sollen sie sich zuerst vergegenwärtigen, mit wem sie gerade sprechen. Gott ist der Vater. Für manch einen wird dies eine große Offenbarung gewesen sein. Gott war heilig und nach der Lehre mancher Frommen nur durch das Einhalten von Gesetzen zufrieden zu stellen. Für andere war diese Anrede eine Hürde. Sie erinnerten sich an ihren Vater, der alles andere als gut war. Jesus bringt dir bei, dass der große heilige Gott ein himmlischer Vater ist. Er ist nur gut! Hat Gedanken des Friedens mit dir! Er weiß genau, was dich bewegt, und begegnet dir darin. Er versorgt dich optimal. Nie lässt er dich aus den Augen. Immer sucht er dein Bestes. Er ist besser, als irdische Väter es jemals sein könnten.

Lies Matthäus 6,5–13.

8.

ANGST – GEBET – LOB: MIT JOSCHAFAT DURCH EINE KRISE

Gott beschenkt dich mit Gutem

Ein Unglück

„Einige Zeit danach zog ein großes Heer von Moabitern und Ammonitern, unterstützt durch eine Anzahl von Meunitern, gegen Joschafat heran." 2. Chronik 20,1

In den nächsten Andachten geht es um den König Joschafat. Er war König im Südreich in Israel. Zu diesem Zeitpunkt war Israel zweigeteilt in ein Nord- und ein Südreich. Wir sehen uns Joschafats Herausforderung und seinen Umgang damit an. Sein Problem wird im Bibelvers deutlich: Er und sein kleines Völkchen werden angegriffen. Drei verbünden sich gegen ihn. „Ein Unglück kommt selten allein", sagt der Volksmund.

Vielleicht geht es dir gerade ähnlich? Das, was zu bewältigen ist, ist einfach zu groß, zu übermächtig? Du stehst wie der bekannte „Ochs vor dem Berge". Joschafat wird Gott erleben. Und du auch, wenn du an Gott festhältst. Auf seine Art und Weise wird er dir helfen. Die Hilfe, die Gott Joschafat schenkt, geschieht nicht plötzlich. Gott nimmt ihn an die Hand und geht mit ihm einen Weg. Und das möchte Gott auch mit dir tun: dich an die Hand nehmen und dich Schritt für Schritt zur Lösung führen.

Vertraue heute seiner Zusage aus Jesaja 43,1–2.

Besonnenheit

„Joschafat erschrak sehr. Er entschloss sich, den Herrn zu befragen..." 2. Chronik 20,3

Joschafat hatte einige Möglichkeiten, zu reagieren. Er hätte sich sofort ergeben und somit dem Feind den Sieg über sich und sein Volk schenken können. Oder er hätte allen Mut zusammennehmen und seine Leute motivieren können, zu kämpfen bis zum Umfallen; koste es, was es wolle. Er hätte sich in ein großes Klagen fallen lassen können, in Selbstmitleid: „Wie ungerecht, wie gemein, warum gerade ich?!"

Nach dem Erschrecken kommt sein Entschluss: Er sucht den Herrn, d. h. er fragt Gott, sucht seine Weisheit für diese Situation, um richtig zu reagieren. Diese Reaktion kann dir und mir Vorbild werden. Innehalten, bevor ich der Panik oder dem Aktionismus freien Lauf lasse, zu viel rede, zu schnell reagiere. Mir fällt dazu ein Wort ein: Besonnenheit. In der Bibel bedeutet dieses Wort „überlegte, selbstbeherrschte Gelassenheit". Das wünsche ich dir für deine Herausforderungen. Gott möchte dir diese Besonnenheit heute schenken.

Lies 2. Timotheus 1,7.

Gemeinsam

„Die Leute kamen aus allen Städten des Landes nach Jerusalem, um vom Herrn Hilfe zu erbitten.“ 2. Chronik 20,4

Der König Joschafat weiß ganz genau, dass er der Not nicht alleine begegnen kann. Wenn drei Länder gegen ihn und sein Volk ziehen, dann hat er keine Chance. Deshalb ruft er sein Volk zusammen. Wenn ein Unglück selten allein kommt, dann darf man nicht alleine bleiben. Dann braucht es ein „Gemeinsam-sind-wir-Stark“. Das Volk, das zusammenkommt, hilft Joschafat, indem sie zuerst mitbeten und den Herrn suchen.

Vielleicht ist es für dich wichtig, jemanden oder eine ganze Gruppe mit einzubeziehen in ein Anliegen, das dich betrifft. Ich denke an ein Wort Jesu: „Wenn zwei unter euch eins werden, worum sie auch bitten, so soll es ihnen werden“ (Matthäus 18,19). Auf dem gemeinsamen Gebet liegt dieses Versprechen Jesu. Wo Menschen sich versammeln in seinem Namen, ihn gemeinsam anrufen. Ihn fragen und bitten. Da verspricht er: „Ich bin mitten unter ihnen“ (Matthäus 18,20).

Lies Epheser 4,18–19.

Wie groß bist du

„Joschafat betete: Herr, du Gott unserer Vorfahren! Du bist der Gott im Himmel, du bist der Herrscher über alle Reiche der Welt. Bei dir ist alle Kraft und Macht, so dass niemand es mit dir aufnehmen kann." 2. Chronik 20,6

Das Volk und Joschafat beten gemeinsam. Sie sind in großer Not. Joschafat ergreift das Wort: Bitte tu das, mach das, hilf hier …! Nein, so beginnt er sein Gebet nicht. Im Gebet vergegenwärtigt er sich zuerst, wer Gott ist und was er kann.

Das möchte ich von Joschafat lernen. Noch bevor ich verzweifelt meine Bitten an ihn richte, mache ich mir klar, dass Gott Herrscher ist, alle Kraft hat, Vater, Freund, Schöpfer und König ist. Nimm dir einige Zeit und noch bevor du zu bitten beginnst, sage ihm, wer er ist, und bekenne zuerst die Größe Gottes. So ähnlich lehrt es auch Jesus seine Jünger. Vor der Bitte kommt das Bekenntnis der Größe und des Wesens Gottes: *Unser Vater im Himmel …* Das Bewusstmachen der Größe Gottes soll dir heute Mut machen.

Lies Matthäus 6,9–13.

Wie groß warst du

„Du, unser Gott, hast doch die früheren Bewohner dieses Landes vor deinem Volk Israel vertrieben und hast das Land uns, den Nachkommen deines Freundes Abraham, für alle Zeiten gegeben." 2. Chronik 20,7

Das Gebet des Königs Joschafat begann mit der Erinnerung daran, dass Gott groß ist. Der heutige Vers zeigt, wie Joschafat weiter betet. Noch immer kreist er nicht um das eigentliche Anliegen. Vergiss nicht: Er und sein Volk sind wirklich in Not. Er vergegenwärtigt sich jetzt, was Gott Großes getan hat. Damals half er seinem Volk, indem er ihnen Land gab und im Kampf gegen andere gegenwärtig war.

Erinnere dich im Gebet daran, was er dir bereits Gutes tat und wie er dir in der Vergangenheit half. Sich so zu erinnern, stärkt den Glauben für die Gegenwart und lässt dich zuversichtlich werden, dass Gott dich in deinem jetzigen Erleben nicht verlässt, sondern dir beisteht und eingreift. Sei dir bewusst, wer Gott ist und was er tat, und dann bete voller Zuversicht für dein Anliegen.

Lies 5. Mose 4,7–9.

Bete, warte, erwarte

„Das ganze Volk von Juda, auch die Frauen und Kinder, standen dort vor dem Tempel." 2. Chronik 20,13

Was für ein Bild. König Joschafat hat gerade sein Gebet zu Ende gesprochen. Er hat bekannt, dass er keine Idee hat, wie diese notvolle Situation zu lösen wäre. Stattdessen schaut er auf Gott und erwartet Hilfe von ihm. *Nach dem Amen bete weiter* lautet der Titel eines Buches von Hans Peter Royer. Damit ist gemeint, dass es nach dem offiziellen Gebet mit seinem Abschluss „Amen – so soll es sein" keineswegs zu Ende ist. Das Volk betet weiter, indem sie einfach stehen und erwarten, dass etwas passiert. Worte sind nicht nötig. Sie stehen vor dem Tempel, von dem Gott sagte, dass er hier wohnt und thront und Hilfe und Antwort schenken möchte. Was wird passieren, während sie jetzt hier stehen und warten? Sie sitzen nicht. Sie stehen! Das Stehen zeigt die Erwartung, die sie hatten. Wenn du gebetet hast, warte und erwarte, was passiert. Nimm Gott nach deinem „Amen" mit in deinen Alltag und nimm wahr, was er tut.

Lies Psalm 27.

Wer kennt Jahasiäl?

„Hört her, Leute von Juda, ihr Einwohner von Jerusalem und vor allem du, König Joschafat! So spricht der Herr zu euch: Habt keine Angst! Erschreckt nicht vor der Übermacht! Dieser Kampf ist nicht eure, sondern meine Sache!" 2. Chronik 20,15

Jahasiäl heißt der Mann, durch den Gott diese Worte reden lässt. Super, wenn Menschen sich gebrauchen lassen und solch mutmachende Worte finden. Viele Menschen brauchen Ermutigung, müssen aufgerichtet werden. Gott gebe dir Worte, die den Anderen aufrichten und stärken.

Gott lässt dem Volk damals sagen, dass sie sich angesichts der lebensbedrohlichen Herausforderung nicht sorgen sollen. Gott wird es machen. Das ist ein herausfordernder Appell. Leichter gesagt als getan, sagst du. Stimmt! Gar nicht so einfach. Aber besser, als sich zu zersorgen und die Dinge des Lebens selbst in die Hand zu nehmen. Gott hatte damals einen Plan. Und den hat er auch heute. Für dich ganz persönlich. Sprich mit ihm und warte, was er tut und: Sei ein Ermutiger auch für andere!

Lies Jeremia 17,5–8.

Der in dir ist

„Ihr selbst braucht nicht zu kämpfen; bleibt ruhig stehen und schaut zu, wie ich, der Herr, für euch den Sieg erringe. Habt keine Angst, ihr Bewohner von Juda und Jerusalem, erschreckt nicht! Zieht ihnen morgen entgegen und der Herr wird bei euch sein." 2. Chronik 20,17

Das Volk soll ruhig bleiben und Gott machen lassen. Er wird für sie kämpfen. Ganz passiv bleiben sie nicht. Sie sollen den Angreifenden entgegengehen. Das Wort „erschreckt nicht" bedeutet: nicht mutlos, niedergeschlagen, verzagt oder zerbrochen sein.

Wenn die Probleme sehr groß sind, könnte sich genau dieser Zustand einstellen. Lähmung und Resignation. Aber Gott arbeitet immer Hand in Hand mit dir. Er will nicht, dass du auf dem Sofa liegst und das Schlechte über dich ergehen lässt. Er will, dass du im Glauben an seine Kraft aufstehst und dem Problem entgegen gehst. Ergeben ist keine Option. Der in dir ist, ist größer als der in der Welt ist, sagt die Bibel. Der Große in dir ist der Grund, warum du mutig sein kannst.

Lies heute Epheser 3,14–21.

So oder so?

„Da kniete Joschafat nieder und beugte sich bis zur Erde, und auch das ganze Volk von Juda und die Bewohner Jerusalems warfen sich anbetend vor dem Herrn nieder.“ 2. Chronik 20,18

Gott versprach dem Volk: Ich bin da! Ich helfe euch! Ich kämpfe für euch! Auf dieses Versprechen kann man so oder so reagieren. Man könnte sagen: So einfach ist das auch nicht. Wir sind in Lebensgefahr! Da können wir nicht einfach sagen, dass der Herr das schon machen wird. Sind ja schöne Worte, lieber Jahasiäl, aber so einfach ist das nicht! Oder man reagiert auf Gottes Zusagen so, wie es das Volk und König Joschafat tun: Sie beugten sich vor dem Wort Gottes und beten an.

Was tust du, wenn Gott durch sein Wort zu dir spricht? Zweifelst du es an? Oder betest du es an? Diese beiden Optionen hast du, wenn Gottes Wort dich anspricht und dir zuspricht. Auf Gottes Wort ist wirklich Verlass. Was er dir und mir zusagt, das hält er (Psalm 33,4).

Lies Psalm 33 und danke Gott für das, was er dir zusagt!

Sonntagspredigt – Montagshandeln

„Nachdem er sich mit dem Volk abgesprochen hatte, stellte er die Tempelsänger an die Spitze des Heeres." 2. Chronik 20,21

Joschafat handelte so, wie Gott es ihm sagte. Ich habe mittlerweile unzählige Predigten gehört. Viele davon sprachen direkt in meine Lebenssituation. Der Prediger vorne ließ sich von Gott gebrauchen, war quasi „Sprachrohr", und Gott konnte mir durch diesen Menschen sagen, was ich jetzt tun soll. Diese Situationen waren mal mehr, mal weniger spektakulär. Aber die Aufforderung Gottes war immer klar. Meist ging ich begeistert und voller Eifer aus dem Gottesdienst, mit dem festen Entschluss im Herzen, zu tun, was Gott mir auftrug. War es z. B. eine Sorge, die abzulegen war, nahm ich mir fest vor, mich nicht mehr zu sorgen. Der Sonntag war erfüllt von Freude und Gegenwart Gottes.

Ja, und dann kam der Montag und mit ihm das Vergessen aller Zusagen und Aufforderungen Gottes. Von Joschafat kann ich lernen, dass das, was ich am Sonntag gehört habe, am Montag umgesetzt werden will.

Lies Jakobus 1,22–25.

Gewinnen

„Und als sie anfingen mit Danken und Loben, ließ der Herr einen Hinterhalt kommen über die Ammoniter und Moabiter und die vom Gebirge Seir, die gegen Juda ausgezogen waren, und sie wurden geschlagen.“ 2. Chronik 20,22

So schafft man es, einen Gegner zu besiegen. Mit Danken und Loben. Ich muss zugeben, eine sehr ungewöhnliche Art, in den Kampf zu ziehen. Vor den Soldaten die Sänger und Musiker ziehen zu lassen, das ist waghalsig.

Das will ich für mein Leben lernen: Nicht meine Kraft, Intelligenz oder Kreativität, nicht mein Durchsetzungsvermögen an erste Stelle zu stellen und damit die Kämpfe des Lebens zu meistern, sondern das Lob und den Dank gegenüber Gott voranzustellen. Die Menschen damals drückten ihr Vertrauen gegenüber Gott aus, indem sie so handelten. Sie dankten und lobten Gott für alles, was er jetzt tun würde. Der Gegner stand ihnen gegenüber und trotzdem lobten sie Gott. Stell vor deine Kämpfe das Lob und den Dank gegenüber Gott. Er wird helfen!

Lies Epheser 5,18–20.

9.

PSALM 121

Gott beschenkt dich mit Gutem

Was ist im Fokus?

„Ein Wallfahrtslied. Ich hebe meine Augen auf zu den Bergen: Woher kommt mir Hilfe?" Psalm 121

Diesen Psalm sangen die Israeliten immer dann, wenn sie zu einem Fest nach Jerusalem zogen. Gemeinsam wurde sich an Gott erinnert, Gott gelobt, Gott gebeten. Heute sagt der Psalmschreiber, dass er seine Augen aufhebt zu dem, von dem alle Hilfe kommt. Ich erlebe diese Handlung als eine echte Herausforderung. Denn wenn ich mich entscheide, auf Gott zu schauen und von ihm alle Hilfe zu erwarten, dann entscheide ich mich gleichzeitig dafür, von meinen Sorgen und Problemen wegzuschauen. Dieses Wegschauen bedeutet: Loslassen, hinter sich lassen, was belastet, was Angst und Sorge hervorruft.

Mich fordert das heraus. Was ist, wenn ich die Sorge, die Herausforderung nicht mehr im Blick habe? Verselbständigt sie sich dann? Passiert das Negative dann erst recht? Kann ich einfach so loslassen? Geht das, dass die Sorge nicht mehr in meinem Fokus ist? Ja, das geht! Wenn du auf den schaust, von dem alle Hilfe kommt. Er liebt dich!

Lies heute Psalm 16,5–9.

Rechtzeitig

„Meine Hilfe kommt vom Herrn, der Himmel und Erde gemacht hat!" Psalm 121,2

Mir kommen unterschiedliche Gedanken, wenn ich diesen Satz lese. Zum einen: „Gott ist groß." Er hat Himmel und Erde geschaffen. Er sprach und es geschah. Wie gewaltig. Wenn er imstande ist, eine Erde durch sein Wort hervorzubringen, wieviel mehr muss er in der Lage sein, mir in meiner Situation zu helfen?

Ein anderes Wort kommt mir: „Warten." Ich habe meine Probleme gerne selbst im Griff. Ich suche nach Lösungen, mache mir viele Gedanken, wie etwas zu gestalten ist. Warten, bis Gott eingreift, scheint mir verlorene Zeit. Und doch ist es das, was meine Situation braucht: Warten, bis Gott eingreift, er Türen öffnet, er Hilfe sendet. Ihm nicht ins Handwerk fuschen. Hoffen und beten, dass er perfekt führt, Gutes tut und mir die richtigen Gedanken gibt, was zu tun ist.

Ein dritter Gedanke: „Gott macht es richtig." Er weiß um deine Situation und er kennt die Lösung. Er kennt deinen Mangel und er will ihn ausfüllen. Er weiß, wann Hilfe Not tut, und er kommt spätestens rechtzeitig.

Lies heute Hebräer 4,14–16.

Nie zu klein

„Der Herr wird nicht zulassen, dass du fällst; er, dein Beschützer, schläft nicht." Psalm 121,3

Ich muss an ein kleines Kind denken, das gerade laufen lernt. Es versucht erste Schritte. Ein Elternteil ist dabei und passt auf, hält die Hand schützend um das Kind; ist bereit, aufzufangen, sollte es hinfallen. Wir werden größer und haben irgendwann die Hilfestellung unserer Eltern nicht mehr nötig.

Aber Gottes Hilfe endet niemals. Er wird immer, jeden Tag, auf unsere Schritte achten. Jeden Tag reicht er dir seine Hand. Jeden Tag möchte er dich führen. Jeden Tag möchte er verhindern, dass du hinfällst. Nie wird er deiner müde. Nie muss er sich von dir und dem Kümmern um dich ausruhen. Nie bist du ihm leid. Nie bist du ihm zuviel. Heute möchte er Schritte mit dir machen. Sei nicht zu stolz und zu erwachsen, dich von Gott beschützen zu lassen! Sei sein Kind, welches seine Hand fasst, sich halten und führen lässt. Bist du sein Kind? „Soviel ihn [Jesus] aufnahmen, gab er das Recht, Gottes Kinder zu sein" (Johannes 1,12).

Lies heute Psalm 32,8–11.

Kein Nickerchen

„Ja, der Beschützer Israels schläft und schlummert nicht!“ Psalm 121,4

Dein Gott ist immer hellwach. Kein Nickerchen überkommt ihn und plötzlich bist du aus seinem Blickfeld. Der Hinweis „Beschützer Israels“ ruft all die Erlebnisse in Erinnerung, die Gott mit Israel verbindet. Sein Volk war und ist nicht aus seinem Blickfeld. Er war und ist ihr Beschützer. Ich denke an 2. Mose 14. Das Volk ist gerade aus Ägypten geflohen. Dort waren sie Sklaven. Aber Gott errettete sei. Und jetzt stehen sie vor einem Meer und kommen nicht mehr weiter. Hinter ihnen jagen die Ägypter, weil sie Israel nun doch erneut versklaven wollen. In dieses Drama ruft Mose dem Volk zu: „Der Herr wird für euch streiten und ihr werdet stille sein.“ Und Gott beschützte und rettete sein Volk.

Wenn du sein Kind bist, ist der große Gott dein Beschützer, der für dich streitet, dich ruhig macht und seine Augen immer offen über deinem Leben hält.

Lies heute 2. Mose 14.

Ein guter Schutz

„Der Herr gibt auf dich acht. Er steht dir zur Seite und bietet dir Schutz vor drohenden Gefahren. Tagsüber wird dich die Sonnenglut nicht verbrennen und in der Nacht wird der Mond dir nicht schaden." Psalm 121,5-6

Du kannst Herausforderungen am Tag und in der Nacht erleben. Manchmal wird es richtig heiß in unserem Leben. Da sind Sorgen, Ärger, Frust. Manches läuft nicht so, wie wir es gehofft, geplant und gewünscht haben. Und auch in der Nacht kann das Nachdenken über das Leben weitergehen. Es gibt Menschen, die können wunderbar schlafen. Aber es gibt auch solche, die versuchen in der Nacht Probleme zu lösen, die sie bedrücken, und solche Menschen schlafen einfach schlecht. Wie sieht dein Tag bzw. deine Nacht aus? Wichtig ist das Wissen, dass Gott dir ganz nahe ist. Er beschützt dich und passt auf dich auf. Nimm ihn mit in deinen Tag, in die heißen Phasen, die dich schmerzen und stark herausfordern, Nimm ihn mit in deine Nacht. Er wacht über dir. Er will dir sagen: Ich kümmere mich um dich. Ich liebe dich!

Lies heute Psalm 3.

Veränderung

„Der Herr behütet dich vor allem Übel. Er behüte deine Seele." Psalm 121,7

Nein, die Bibel ist nicht weltfremd, im Gegenteil! Sie ist ein Buch, das das Leben in all seinen Facetten beschreibt. Da gehen Personen durch Höhen und Segnungen. Andere wiederum müssen Leid, Verlust und Schmerz ertragen. Es gab Menschen wie Hiob: Der sah das Übel vor sich geschehen. Und doch hatten die Menschen der Bibel Hoffnung darauf, dass Situationen Veränderung erleben können. Sie wandten sich an Gott, riefen ihn an, baten um sein Eingreifen. Und sie erfuhren: Gott greift ein. Rettend, heilend, wiederherstellend. Das Übel machte sie nicht fertig, besiegte sie nicht.

Und auch dich, wenn du ein Kind Gottes bist, kann das Übel nicht besiegen. Vielleicht kämpfst du mit deinem Ehepartner, deinen Kindern, schlechten Gewohnheiten, Ängsten. Bitte Jesus heute, dass er dich davor bewahrt, dass du überwältigt wirst. Er wird es gerne tun, dich segnen, dich retten und eingreifen, sodass du mit Hiob sagen kannst: „Jetzt hat mein Auge dich gesehen."

Lies Hiob 42.

Hereinspaziert

„Der Herr behüte deinen Ausgang und deinen Eingang von nun an bis in Ewigkeit." Psalm 121,8

Wir Menschen sind unterwegs. Im Unterwegssein verlassen wir etwas und steuern auf etwas Neues zu. Das kann sehr spannend sein. Wenn beispielsweise jemand Geburtstag hat, beginnt er zu reflektieren. Was war im letzten Lebensjahr? Was hat gefreut, geprägt? Und dann tritt man ein in ein neues Lebensjahr. Man bekommt Wünsche zugesprochen und darf gespannt sein, was das neue Lebensjahr an Überraschungen mit sich bringt.

Manchmal ist es gut, aus alten Gewohnheiten herauszugehen. Gewohnheiten, die nicht förderlich sind, einen selbst beim Leben lähmen und die kein Segen sind für den Nächsten. Anders als beim Geburtstag, an dem das neue Lebensjahr automatisch kommt, braucht es bei manchen Dingen eine bewusste Entscheidung, herauszutreten und in Neues hineinzugehen. Mit Gottes Hilfe kann es dir gelingen. Du kannst dich entscheiden, dein altes, störendes Verhalten niederzulegen und mit Gottes Hilfe zu lernen, neue Wesenszüge zu leben. „Das Alte ist Vergangen – siehe Neues ist geworden." Wo musst du herausgehen und wo möchtest du eintreten?

Lies Psalm 121,1–8.

10.

KOLOSSER 3

Gott beschenkt dich mit Gutem

Der Blick nach oben lohnt sich

„Wenn ihr nun mit Christus zu einem neuen Leben auferweckt worden seid, dann richtet euch ganz auf Gottes himmlische Welt aus. Seht dahin, wo Christus ist, auf dem Ehrenplatz an Gottes rechter Seite.“ Kolosser 3,1

Richte dich auf Jesus aus! Heute und an diesem Tag hat der Himmel eine Idee für dein Leben. Wenn du zu Jesus gehörst, ein neues Leben durch ihn bekommen hast, dann ist der große, lebendige Gott auf deiner Seite. Du darfst heute auf Jesus blicken. Du darfst sagen, was dir fehlt, welche Wünsche du hast, was für Verletzungen du mit dir herumträgst. Jesus weiß um dich und er wird dir so begegnen, wie du es brauchst. Richte deinen Blick weg von negativen Dingen und Gefühlen. Richte deinen Blick auf Jesus. Bei ihm ist Vergebung, Liebe, Güte und Heilung von Verletzungen. Jesus sitzt zur Rechten Gottes des Vaters. Die Bibel sagt, dass er dich dort vertritt. All deine Anliegen, Sorgen, Ängste – aber auch deine Wünsche, deine Sehnsüchte, werden dort oben besprochen und verarbeitet. Bring alles im Gebet zu Jesus – er kümmert sich darum. Es lohnt sich, auf Jesus zu sehen.

Lies Römer 8,31–34.

Ein Stück Himmel

„Ja, richtet eure Gedanken auf Gottes himmlische Welt und nicht auf das, was diese irdische Welt ausmacht." Kolosser 3,2

Du kennst sicher den Satz: „… wie im Himmel so auch auf Erden." Gott möchte, dass hier auf der Erde etwas Himmlisches, etwas von ihm offenbar wird. Das passiert selten einfach so und hat einiges mit dir und mir zu tun. Es kommt darauf an, worauf unsere Gedanken gerichtet sind. Entsprechend deiner Gedankenrichtung wird sich etwas offenbaren und hier auf der Erde sichtbar werden. Wenn dich z. B. jemand verletzt hat, indem er etwas Dummes, Beleidigendes zu dir sagte, dann wirst du deine Gedanken ausrichten. Entweder wirst du beleidigt sein, diese Verletzung jedem zeigen, zurückschießen, dich zurückziehen. Dann lebst du das, was für diese Welt normal ist. Oder du richtest deine Gedanken auf Gottes Welt aus. Und dort gibt es ein Wort, das dir in einer solchen Situation helfen kann: Vergebung. Dem anderen die Schuld erlassen, sich nicht zurückziehen, nicht Böses mit Bösem vergelten. Wenn du so handelst, offenbarst du etwas von der Liebe Jesu. Bring heute ein Stück Himmel auf die Erde …

Lies Epheser 4,29–32.

Schon gestorben?

„Denn für sie (diese Welt) seid ihr gestorben, aber Gott hat euch mit Christus zu neuem Leben auferweckt, auch wenn das jetzt noch verborgen ist." Kolosser 3,3

Du kannst bereits vor deinem irdischen Tod sterben. Wie? Indem du Jesus als Herrn in dein Leben aufnimmst. Du bekennst ihm, dass dein Leben von Schuld geprägt ist. Du bittest ihn um Vergebung und legst im Glauben dein altes Leben vor das Kreuz von Jesus. In diesem Moment bittest du ihn, dass er dir ein neues Leben schenkt. Und dann bist du den Dingen dieser Welt gestorben. Das bedeutet, du hast ein neues Denken, ein neues Handeln, ein neues Reden bekommen. Jesus beginnt in dir Veränderung zu wirken. Er tut es durch seine Kraft. Er wird dir die Bereitschaft geben, anderen Menschen zu vergeben, sie zu lieben und ihnen Gutes zu tun. Jesus in dir macht dich bereit, den Frieden zu suchen, nicht zu lästern und sanftmütig auf andere zu reagieren. Wenn du dir Zeit nimmst für Jesus, sein Wort liest und dich von ihm und seinem Wort prägen lässt, wird dieses neue Leben in dir immer mehr wachsen.

Lies Galater 2,17–21.

Siegertyp

„Also trennt euch ganz entschieden von einem Lebensstil, wie er für diese Welt kennzeichnend ist! Trennt euch von sexueller Unmoral und Ausschweifungen, von Leidenschaften und Lastern, aber auch von der Habgier, die den Besitz für das Wichtigste hält und ihn zu ihrem Gott macht!" Kolosser 3,5

Trennt euch … ist noch nett übersetzt! Eigentlich steht hier das Wort „tötet". Mit Gottes Hilfe können wir die Dinge, die hier beschrieben sind, zunichte machen. Die Liste kann erweitert werden. In Vers 8–9 in Kolosser 3 steht: „Aber jetzt ist es Zeit, das alles abzulegen. Lasst euch nicht mehr zum Zorn und zu Wutausbrüchen hinreißen. Schluss mit aller Bosheit! Redet nicht schlecht übereinander und beleidigt niemanden. Hört auf, euch gegenseitig zu belügen. Ihr habt doch euer altes Leben mit allem, was dazugehört, wie alte Kleider abgelegt."

Womit hast du zu kämpfen? Was greift dich an? Gott sagte damals zu Kain: „Die Sünde lauert vor deiner Tür. Du herrsche über sie." Gott gibt dir seine Kraft! Lass dich nicht von der Sünde besiegen!

Geprägt

„Jetzt habt ihr neue Kleider an, denn ihr seid neue Menschen geworden. Gott ist beständig in euch am Werk, damit ihr immer mehr seinem Ebenbild entsprecht, nachdem er euch geschaffen hat. So habt ihr Gemeinschaft mit Gott und versteht immer besser, was ihm gefällt." Kolosser 3,10

Wir dürfen, was unseren Charakter betrifft und den Wunsch nach Veränderung in uns, niemals aufgeben. Das kann so schnell passieren. Du bringst etwas mit an Prägung aus deinem Elternhaus, Du hast bestimmte Eigenschaften, die dich stören, die Gott nicht gefallen, die dich hindern, geistlich zu wachsen. Du hast Charakterzüge, die den Menschen, der mit dir zusammen lebt, verletzen. Aber irgendwie kommst du nicht aus deiner Haut. Gib nicht auf! Die Bibel sagt, dass Gott beständig bei dir am Werk ist. Er verändert dich. Es ist sein Geist, seine Kraft, seine Liebe, die in dir leben und wirken möchten. Bekenne ihm deine negativen Eigenschaften als Sünde, und sage ihm, was du möchtest. Er wird Schritte der Veränderung mit dir gehen. Er hat etwas Gutes in dir begonnen.

Lies Philipper 1,3–6.

Erwählt, heilig und geliebt

„Geschwister, ihr seid von Gott erwählt, ihr gehört zu seinem heiligen Volk, ihr seid von Gott geliebt." Kolosser 3,12a

Ich mag es, etwas zugesprochen zu bekommen. Als Pastor bin meistens ich es, der den Menschen einen Segen zuspricht oder ein Wort Gottes. Dieser Vers spricht mir zu, was ich bin. Das darfst auch du ganz persönlich für dich nehmen:

1. Du bist erwählt! Von Gott ausgesucht. Du darfst glauben, hoffen, in Jesus deine Erfüllung finden, an sein Wort, die Bibel, glauben und daraus Kraft für den Alltag ziehen.
2. Du bist heilig! Nicht weil du so bemüht warst, dies zu werden. Jesus ist für dich und deine Sünden gestorben. Er hat dich rein gemacht, heilig und gerecht. Er gedenkt deiner und meiner Schuld nicht mehr, im Gegenteil: Er verändert dich Stück für Stück. Er macht heilig, er macht liebevoll, er wirkt mit seiner Kraft in dir.
3. Du bist geliebt! Er wird heute mit dir umgehen, wie ein liebender Vater mit seinem Kind umgeht. Er wird versorgen, führen, korrigieren, schützen und an deiner Seite stehen.

Einen guten Tag dir, du erwähltes, geheiligtes und geliebtes Gotteskind!

Lies Psalm 103,1–6.

Ein Gebet

„Darum soll jetzt herzliches Mitgefühl euer Leben bestimmen, ebenso wie Güte, Bescheidenheit, Nachsicht und Geduld." Kolosser 3,12b

Es gibt ein nettes Gebet, das in etwa so lautet: „Herr, heute habe ich mich noch über keinen Menschen aufgeregt. Ich habe nicht geschimpft, mich nicht geärgert, keinem die Vorfahrt genommen, einen Vogel gezeigt und keinen Streit begonnen. Ich habe mich weder über meinen Arbeitskollegen geärgert, noch meinen Ehepartner genervt und meine Kinder habe ich auch nicht angeschrien. Ich habe nicht schlecht über meinen Chef geredet und auch sonst keinen bösen Gedanken gehegt. Aber in etwa fünf Minuten muss ich aufstehen und dann bitte ich dich: Hilf mir!!!"

Meist ist es morgens, vor dem Aufstehen, sehr ruhig, es sei denn, deine Kinder sind noch klein. Aber nehmen wir mal an, der Tag beginnt langsam, Begegnungen fanden noch nicht statt, das Gemüt ist ausgeruht. Jetzt ist ein guter Zeitpunkt, deine Hände auszustrecken und Jesus zu bitten, dich mit seiner Kraft zu füllen, damit du so leben kannst, wie es in dem Bibelvers steht: mitfühlend, nachsichtig, geduldig. Das wünsche ich dir für deine Begegnungen an diesem Tag.

Lies Johannes 15,1–17.

Heilsam

„Ertragt einander und vergebt euch gegenseitig, wenn jemand euch Unrecht getan hat. Denn auch Christus hat euch vergeben." Kolosser 3,13

Das Kreuz von Jesus zeigt mir, was Vergebung wirklich bedeutet. Ich sehe den gerechten Jesus. Nie tat er etwas Böses. Nie verletzte er Menschen. Im Gegenteil: Er liebte, er heilte, versorgte und vergab Menschen ihre Schuld. Am Kreuz hängend, ruft er die unfassbaren Worte aus: „Vater, vergib ihnen, denn sie wissen nicht, was sie tun." Jesus vergibt mir und auch dir alle Sünde! Er trägt die Strafe deiner Schuld. Was für eine Befreiung.

Und jetzt zu dir. Da hat dich jemand gekränkt. Da war einer, der dich nicht grüßte. Jemand hat dir unschöne Worte an den Kopf geworfen. Deinen Bedürfnissen wurde nicht so begegnet, wie du es wolltest. Und jetzt bist du sauer, enttäuscht und mit deinem Gegenüber fertig! Und jetzt heißt es: Den anderen ertragen, tragen und vor allem: ihm vergeben. Das ist nicht immer leicht. Du empfindest Ungerechtigkeit, Verletzung. Aber Vergebung ist der heilsame Weg, der dich gesund macht und die Beziehung zu deinem Nächsten wiederherstellt.

Lies Matthäus 18,21–35.

11.

HEBRÄER 11

Gott beschenkt dich mit Gutem

Glaube

„Es ist aber der Glaube eine feste Zuversicht auf das, was man hofft, eine Überzeugung von Tatsachen, die man nicht sieht." Hebräer 11,1

Hier bekommst du eine Definition davon, was Glaube bedeutet. Er ist eine feste Zuversicht auf das, was man hofft. Es geht nicht darum, sich irgendetwas vorzustellen und solange zu hoffen, bis es sichtbar ist. Dieser Vers möchte in dein Leben und Erleben hineinsprechen. Er nimmt auf, was dich beschäftigt, womit du dich gerade herumschlägst. So kann es sein, dass du dir Veränderung für deinen Charakter wünschst. Oder du betest, dass sich etwas an deinem Ehepartner verändert. Vielleicht ist es eine Krankheit, die dich schon so lange begleitet, oder ein innerer Schmerz, den du durchlebst. Vielleicht betest du für einen Durchbruch in deiner Gemeinde und hoffst, dass Menschen zum Glauben an Jesus kommen. Oder dich bewegt etwas anderes. Was auch immer es ist, du darfst damit voller Hoffnung zu Jesus kommen. Er schafft das, was du noch nicht siehst. Du darfst unterwegs bleiben: hoffen, beten, erwarten und dir Glauben schenken lassen.

Lies Römer 15,13.

Was willst du mal werden?

„Unsere Vorfahren lebten diesen Glauben. Deshalb hat Gott sie als Vorbilder für uns hingestellt." Hebräer 11,2

Was willst du mal werden? Diese Frage wird dich irritieren, denn du stehst bereits mitten im Leben, hast einen Beruf, vielleicht eine Familie, hast etwas erreicht und bist fern von dem Gedanken, nochmal eine Ausbildung zu machen. Trotzdem lasse ich diese Frage stehen und stelle sie auch mir. Nein, es geht nicht um unsere Berufe. Es geht ums Vorbildsein. Will ich das werden? Ich bin es sowieso. Irgendetwas schauen sich Menschen von mir ab. Nur was? Der Vers spricht von Vorbildern im Glauben. Ja, das möchte ich gerne sein. Kein perfekter Glaubensheld – den gab es noch nie. Aber einer, der mit Gott unterwegs ist. Den Stürmen seines Lebens mit Gebet begegnet. Den liebenden und fürsorglichen Gott seinen Kindern, seinen Enkeln, seinen Nachbarn groß macht und ihn vorlebt. Ich möchte einer sein, der zugibt, unvollkommen zu sein, der abhängig bleibt von der Vergebung Jesu. Ich möchte einer sein, von dem die Menschen sagen: Er hat Jesus lieb!

Lies 1.Timotheus 4,12–16.

Kain und Abel

„Weil Abel an Gott glaubte, war sein Opfer besser als das seines Bruders Kain. Gott nahm sein Opfer an, und Abel fand Gottes Anerkennung." Hebräer 11,4

Erinnerst du dich an diese Geschichte? Zwei Brüder opfern Gott. Abels Opfer wurde angenommen, das von Kain nicht. Es kam auf die Herzenshaltung an. Abels Herz war mit Vertrauen gegenüber Gott gefüllt. Er liebte Gott. Diese Liebe zu Gott war die Grundlage seines Opfers. Bei Kain muss etwas anderes im Herzen gewesen sein. Vielleicht war seine Beziehung zu Gott eher distanziert und nicht so lebendig.

Wie steht es um dein Herz, wenn du dich Gott näherst? Sind Glaube und Liebe zu Gott vorhanden? Gibst du ihm gerne deine Gaben, deine Zeit? Darf Gott in dein Leben hineinsprechen, dich korrigieren, dir sagen, was du tun sollst? Das ist lebendiger Glaube. Gott liebt ehrliche Herzen. Kain ließ sich nicht korrigieren. Sein Leben war von Eifersucht und Hass geprägt. Wohin seine Haltung führte, kannst du in 1. Mose 4 nachlesen. Bewahre dein Herz vor Eifersucht, Hass, Rache und Zorn.

Lies 1. Mose 4.

Henoch

„Weil Henoch glaubte, nahm Gott ihn zu sich, so dass er nicht sterben musste; er war plötzlich nicht mehr da. Die heilige Schrift bestätigt, dass Henoch so gelebt hat, wie es Gott gefiel.“ Hebräer 11,5

Du kannst so leben, dass Gott Gefallen daran hat. Diese Art zu leben beginnt mit einer Entscheidung für Jesus. Du sagst: Herr Jesus, komm in mein Leben hinein, vergib mir meine Schuld, mache mich zu einem neuen Menschen.

Dieses Gebet ist die Grundlage, um Gott zu gefallen. Und dann geht es weiter. Jesus sagt: „Wer mich liebt, der wird meine Gebote halten“ (Johannes 14,15).

Liebe ist der Motor allen guten, frommen Handelns. Du bist nicht perfekt, aber du liebst Gott. Das gefällt ihm. Und dann versuchst du so zu leben, wie Gott es möchte und die Bibel dir sagt. Dazu brauchst du das Bewusstsein, dass Jesus in dir lebt. Du kannst mit Paulus sagen: „Ich schaffe alles durch den, der mich stark macht, Christus!“ (Philipper 4,13): Liebe zum Nächsten, Sanftmut, Geduld, Freundlichkeit und mehr wirkt seine Kraft in dir!

Lies 1. Mose 5,21–24.

Wie ein Kind

„Denn Gott hat nur an den Menschen gefallen, die ihm fest vertrauen. Ohne Glauben ist das unmöglich. Wer nämlich zu Gott kommen will, muss darauf vertrauen, dass es ihn gibt und dass er alle belohnen wird, die ihn suchen." Hebräer 11,6

Wenn meine Kinder zu mir kommen und etwas haben möchten, dann sind ihre Augen voller Erwartung. Sie wissen ganz genau, dass ich ihr Vater bin, es gut mit ihnen meine und sie lieb habe. Sie kennen meinen Charakter als Vater und sind nicht scheu und verhalten mir gegenüber. Sie sind nicht voller Zweifel, ob ich sie wirklich anhöre. Sie wissen es einfach. Natürlich wissen sie auch, dass ich nicht jede Bitte sofort erfüllen werde. Das hindert sie nicht, trotzdem mutig weiter zu bitten. Mir gefällt das, wenn sie mich bitten und etwas erwarten. Denn ihre Haltung bringt zum Ausdruck: Unser Vater meint es gut!

Weißt du, dass es Gott gefällt, wenn du ihn so siehst? Wenn du voll Vertrauen zu ihm kommst und ihm deine Bitten bringst? Rede mit ihm wie ein Kind mit dem guten Vater. Er ist für dich! Er liebt dich! Er weiß, was gut für dich ist!

Lies Matthäus 7,7–11.

Noah

„Auch Noah glaubte Gott und befolgte gehorsam seine Anweisungen. Er baute ein großes Schiff, obwohl weit und breit keine Gefahr zu sehen war. Deshalb wurde er mit seiner ganzen Familie gerettet.“ Hebräer 11,7

Noah tat etwas Beeindruckendes. Mitten in einer Steinwüste baute er einen riesigen Kasten. Er hatte gehört, dass Gott ein Gericht senden wird. Weil die Menschen nicht so lebten, wie Gott es wollte, drohte Gott dies an. Aber es gab eine Rettung: die Arche. Und Noah baute. Wenn die Menschen das gewaltige Bauwerk bestaunten, dann lud Noah sie ein, mitzubauen und mit auf die Arche zu gehen, um gerettet zu werden, wenn Gott Gericht sendet. Aber dafür hatten sie keinen Sinn. Gericht? Gott? Das ist etwas für die Frommen, aber nichts für uns! Das passt nicht zusammen! Die Flut kam und überraschte die Menschheit.

Wir haben auch eine Arche: das Kreuz Jesu. Jeder, der dorthin kommt, seine Schuld bekennt, ist gerettet für alle Ewigkeit. Jesus kommt wieder. Er holt zu sich, die ihn lieben, und richtet die, die ihn ablehnen. Sei mutig wie Noah. Bau den Menschen in deiner Umgebung die Arche. Zeig ihnen, was Jesus für sie am Kreuz tat.

Lies Matthäus 28,18–20.

Abraham

„Ebenso glaubte Abraham fest an Gott und hörte auf ihn. Als Gott ihm befahl, in ein Land zu ziehen, das ihm erst viel später gehören sollte, verließ er seine Heimat. Dabei wusste er überhaupt nicht, wohin er kommen würde." Hebräer 4,8

Abraham war zu diesem Zeitpunkt 75 Jahre alt. Gott rief ihn, etwas zu tun, und er war gehorsam und tat es. Eine spannende Zeit für ihn und seine Frau begann. Gott versprach ihnen, einen Sohn zu bekommen und Stammeseltern einer großen Nation zu werden. Zu diesem Zeitpunkt schien es unmöglich, dass dieses Versprechen Gottes in Erfüllung ging. Gott segnete dieses Ehepaar und ließ sie immer mehr erkennen, wer er ist und wie er handelt.

Das große Abenteuer mit Gott beginnt mit Gehorsam. Gott sagt etwas, du tust es und es kommt etwas in Gang. Die Anweisungen Gottes in deinem Leben werden anders aussehen als bei Abraham. Vielleicht sagt er dir, dass du jemandem Gutes tun sollst, einen Dienst in der Gemeinde beginnen oder den ersten Schritt zur Versöhnung machen sollst. Was auch immer Gott dir sagt: Tu es! Sein Gehorsam! So kommst du weiter!

Lies 1. Mose 12,1–6.

Sara

„Und Sara, Abrahams Frau, die eigentlich unfruchtbar war, glaubte unerschütterlich an Gottes Zusage, dass sie noch ein Kind bekommen würde. Sie wusste, dass Gott alle seine Zusagen einhält. Und tatsächlich wurde sie schwanger, obwohl sie dafür schon viel zu alt war." Hebräer 11,11

Wenn ich die Geschichte von Abraham und Sara lese, werde ich innerlich beruhigt. Liest man diesen Vers für sich, könnte man meinen, Sara und Abraham waren die Glaubenshelden schlechthin. Nichts konnte sie erschüttern. Sie waren alt, unfruchtbar, aber hielten unerschütterlich an Gottes Verheißungen fest. Aber so war es nicht! In ihrer Biografie gab es Zeiten des Zweifels und der Verzweiflung. Sie stellten sich die Frage: „Greift Gott ein? Wird er handeln?" Sie halfen sogar nach und versuchten auf Umwegen, einen Nachkommen zu bekommen. Aber sie kamen immer wieder zurück zu ihrem Gott. Sie lernten immer wieder neu, ihr Vertrauen auf Gott zu setzen. Du musst kein Held des Glaubens werden. Nur immer wieder zurückfinden zu Gott und lernen, ihm zu vertrauen.

Lies 1. Mose 18,9–15.

Was Besseres

„Nein, sie sehnten sich nach einer besseren Heimat, nach der Heimat im Himmel. Deshalb bekennt sich Gott zu ihnen und schämt sich nicht, ihr Gott genannt zu werden; denn für sie hat er seine Stadt im Himmel gebaut." Hebräer 11,16

Was ist das Ziel deines Lebens? Möglichst reich zu werden? Dich selbst zu verwirklichen? Das Leben auszukosten und alles mitzunehmen, was geht? Ich denke, dass Gott möchte, dass wir hier auf dieser Erde Zeiten erleben, in denen es uns richtig gut geht und wir glücklich sind. Wenn wir tun, was zu uns passt, wenn wir das leben, was uns erfüllt. Aber all das ist ein Augenzwinkern gegenüber dem, was uns erwartet in Ewigkeit. Es gibt etwas Besseres als diese Erde, als Reichtum und Verwirklichung. Wenn du Jesus in deinem Leben hast, dann bist du dazu bestimmt, in ewiger Gemeinschaft mit ihm zu leben. Er hat eine Wohnung im Himmel für dich vorbereitet. Schon heute darfst du diese Gemeinschaft mit Jesus genießen. Darfst mit ihm reden, dich von ihm führen lassen, seine Liebe spüren und dich von ihm gebrauchen lassen. Jesus freut sich, mit dir zusammen zu sein. Jetzt, heute, morgen und in alle Ewigkeit.

Lies Johannes 14,1–6.

Eine krasse Geschichte

„Abraham glaubte so unerschütterlich an Gott, dass er sogar bereit war, seinen einzigen Sohn Isaak zu opfern, als Gott ihn auf die Probe stellte." Hebräer 11,17

Was für eine Geschichte. Da fordert Gott von Abraham, ihm den Isaak zu geben. Isaak, das war doch der ersehnte und von Gott versprochene Sohn. Wie kann Gott so sein, diesen Sohn plötzlich für sich einfordern? Abraham war bereit, Gott das zu geben, was er verlangte. Er war so voller Vertrauen, dass er sagte: Dann erweckt er den Isaak eben wieder aus den Toten! Abraham wusste, dass Gott Gedanken des Friedens hat, dass Gott es gut meint und dass das, was er sagt und fordert, Sinn hat, auch wenn der Mensch Gottes Gedanken gerade nicht versteht. Abraham wusste: Auf Gott ist Verlass!

Erlebst du Dinge, die unverständlich sind? Du fragst dich, warum Gott dich diesen Weg führt, warum er dieses oder jenes zulässt. Abraham ging es sicher ähnlich. Doch er vertraute. Du darfst vertrauen, dass deine Sache in guten Händen ist!

Lies Psalm 23,1–6 & 1. Mose 22,1–19.

Jakob

„Jakob segnete kurz vor seinem Tod in festem Glauben die beiden Söhne von Josef. Auf seinen Stab gestützt, betete er Gott an.“ Hebräer 11,21

Jakob ist ans Ende seines Lebens gekommen. Er durchlief Höhen und Tiefen. Selbstverschuldete schwere Wege, aber auch solche, die andere ihm schwer machten. Aber nun zieht er Resümee und bekennt, dass Gott immer mit ihm war. Das soll auch die nächste Generation erleben. Dafür betet er und segnet. Seine beiden Enkel stehen vor ihm. Er beginnt zu beten: „Der Gott, der mein Hirte gewesen ist mein Leben lang bis auf diesen Tag, der Engel, der mich erlöst hat von allem Übel, der segne diese beiden Jungen.“

Hast du Enkelkinder, eigene Kinder, Patenkinder, Nichten, Neffen? Nimm dir doch heute bewusst Zeit, diesen Segen Jakobs für sie zu erbitten. Oder formuliere einen eigenen Segen. An Gottes Segen ist alles gelegen. Bete, dass dieser Segen auf die Kinder kommt, sie beschützt aufwachsen und leben und für ihr eigenes Leben erkennen, wer Gott ist und was Jesus für sie tat.

Lies 1. Mose 48,15–20.

Josef

„Weil Josef an Gottes Zusagen glaubte, konnte er vor seinem Tod voraussagen, dass die Israeliten Ägypten eines Tages wieder verlassen würden. Er rechnete so fest damit, dass er anordnete, sie sollten bei ihrem Weggang seine Gebeine mitnehmen." Hebräer 11,22

Josef hatte nur davon gehört, dass es einen Tag geben wird, an dem sein Volk aus Ägypten herausgehen wird und ein neues, eigenes, von Gott versprochenes Land geschenkt bekommt. Kurz vor seinem Tod erinnert er sich an diese alte Zusage Gottes und ruft sie denen in Erinnerung, die um ihn herumstehen. Er macht den Menschen Mut: Gott steht zu seinem Wort. Er erfüllt seine Versprechen. Auf ihn ist Verlass.

Worauf baust du heute dein Leben? Was trägt dich, stärkt dich, gibt dir Mut? Sein Wort mit all seinen Zusagen möchte dir heute Wegbegleiter sein. Gott spricht dir durch sein Wort zu: Ich bin jeden Tag bei dir. Ich versorge dich. Ich gebe dir Kraft.

Lies einige Zusagen: Jesaja 40,29; 1. Petrus 5,7; Philipper 4,18 und vertraue diesen Versprechen! Lies auch 1. Mose 50,22–26.

Jochebed und Amram

„Weil die Eltern von Mose unerschütterlich an Gott glaubten, hatten sie keine Angst, gegen den Befehl des Pharaos zu handeln: Sie hatten ein schönes Kind bekommen und versteckten es drei Monate lang." Hebräer 11,23

Es war schrecklich! Der König von Ägypten ließ anordnen, dass jeder hebräische neugeborene Junge getötet werden sollte. Was für eine Angst, was für ein Schrecken und Elend kennzeichnete diese Zeit! Was tun? Wie handeln? Eine Mutter und ein Vater, Jochebed und Amram heißen sie, verbergen ihr Neugeborenes. Die Bibel sagt: Sie glaubten Gott! Sie legten ihre Not in Gottes Hand. Sie baten ihn, ihren Jungen zu bewahren. Wer die Geschichte um Mose kennt, der weiß: Das Vertrauen der beiden wird belohnt!

Welche Last, welche Not trägst du heute? Viellicht auch um dein Kind? Oder deine Gesundheit? Leidest du an deiner Arbeit oder an einem Menschen? Gott öffnet dir seine Hände und spricht: Lege alles hinein, was dich beschwert und bedroht. Werde ruhig. Vertraue mir! Alle deine Sorgen werfe auf mich! Ich sorge für dich.

Lies 1. Petrus 5,7 & 2. Mose 2,1–10.

Mose

„Auch Mose vertraute Gott. Denn als er erwachsen war, weigerte er sich, noch länger als Sohn der Pharaonentochter zu gelten." Hebräer 11,24

Im Laufe der ersten 40 Jahre seines Lebens erkannte Mose, dass er kein Ägypter war, sondern zu den unterdrückten Israeliten gehörte. Er weigerte sich, länger als ein Ägypter zu leben.

Als Menschen sind wir hineingeboren in diese Welt. Wir reden, denken und handeln wie diese Welt. Dann kam der Tag, an dem du Christ wurdest und du erkanntest, dass du nun die Maßstäbe, Werte und den Charakter Jesu leben sollst. Das ist ein Hineinwachsen und ein andauerndes Lernen. Es gibt Tage, an denen du dich weigern musst, so zu handeln, wie es diese Welt tut. So, wie Mose sich weigerte, weiter ein Ägypter zu sein, weil er stattdessen zum Volk Gottes gehörte, so musst du dich weigern, Zorn, Bitterkeit, Beleidigtsein, Unversöhnlichkeit zu leben. Du gehörst nicht mehr dieser Welt an, sondern dem Reich Gottes. Er bietet dir seine Kraft an, sie täglich zu erbitten und dich damit füllen zu lassen. Du darfst beten: Jesus, ich lebe in dir und du lebst in mir. Ich möchte lieben, vergeben, sanftmütig sein. Hilf mir, mich zu weigern, wenn Sünde mich einholen möchte.

Lies Johannes 15,1–6.

Gerettet?!

„Weil er Gott glaubte, hielt Mose die Passahfeier und ließ die Türpfosten mit dem Blut eines Lammes bestreichen. So blieben alle Israeliten am Leben, als der Todesengel die älteren Söhne der Ägypter tötete." Hebräer 11,28

Gott musste richten. Er ist der gütige, liebende, barmherzige Gott. Und zugleich auch der Gerechte, der kein Auge zudrücken kann, wenn es um Sünde geht. Das war damals so. Gott musste richten. Doch es gab auch Rettung. Man sollte das Blut eines Lammes an seine Türpfosten streichen. War dies geschehen, zog das Gericht vorbei.

Es wird einmal einen Tag geben, an dem Jesus widerkommen wird zum Gericht über die Menschheit. Und dann ist die Frage: Hast du Jesus, seine Tat am Kreuz zur Vergebung deiner Schuld angenommen? Sieht er das Blut von Jesus über deinem Leben? Er will keine perfekten Menschen sehen, die sich mühten, regelmäßig spendeten und zu Ostern in den Gottesdienst gingen. Er sucht an diesem Tag Menschen, die auf dieser Erde erkannt und bekannt haben: Jesu ist das Lamm Gottes (siehe Johannes 1,29), das meine Sünde getragen hat und mich zu einem neuen Menschen machte. Ich bin durch ihn gerettet!

Lis 2. Korinther 5,17–21.

Rahab

„Nur weil die Prostituierte Rahab Gott vertraute und Israels Kundschafter freundlich aufnahm, wurde sie nicht getötet wie alle anderen Bewohner von Jericho, die sich Gottes Willen widersetzt hatten." Hebräer 11,31

Was hatte Rahab erkannt? Ihre Geschichte macht es deutlich. Sie hörte von all den Wundern, die Gott an Israel getan hatte. Wie er das Meer vor ihnen teilte und vieles andere mehr. Sie erkannte, dass Gott der HERR ist, der Macht hat und der Chef ist über Himmel und Erde. Sie hatte Respekt und Achtung vor Gott bekommen. Und als das Gericht über Jericho angekündigt wurde, war sie diejenige, die um Gnade für sich und ihre Familie bat. Gott rettete diese Frau, weil sie sich vor Gott demütigte.

Jesus braucht keine perfekten Menschen. Er sucht Herzen, die sich ehrlich vor ihm beugen. Er sucht keine Schuldlosen, sondern solche, die um Vergebung ihrer Schuld bitten. Er sucht nicht die, die denken, sie seien gesund. Jesus sagte einmal: „Die Gesunden brauchen keinen Arzt, sondern die Kranken! … Ich bin gekommen, um Sünder in die Gemeinschaft mit Gott zu rufen, und nicht solche, die sich sowieso für gut genug halten" (Matthäus 9,12–13).

Lies Josua 2,8–13.

Gott braucht keine Helden

„Es wären noch viele andere zu nennen. Nur würde die Zeit wohl nicht ausreichen, wollte ich sie alle aufzählen: Gideon und Barak, Simson, Jeftah, David, Samuel und die Propheten." Hebräer 11,32

Manche Christen geben dem elften Kapitel des Hebräerbriefes die Überschrift: „Die Glaubenshelden." Spätestens bei dieser Auflistung fällt auf, dass dieser Titel nicht gerechtfertigt ist. Sicher gibt es den einen oder anderen, der Vorbild einer Glaubenshandlung war. Ich denke an David und seinen Kampf gegen Goliath. Aber ich entdecke in dieser Liste auch Simson, der so ziemlich alles anders machte, als Gott es wollte. Nein, die Aufgezählten sind keine Helden. Die braucht Gott nicht.

Auch du musst kein Held sein. Gott rechnet damit, dass du Tage hast, an denen du vor Glauben und Mut nur so strotzt. Und dass du an anderen Tagen versagst. Der einzige Held in all diesen Biografien und in deiner eigenen Lebensgeschichte ist Gott selber. Er ist der Held, der uns beruft, den Glauben schenkt, uns aushält, vergibt, täglich neu mit dir beginnt, dich gebraucht und zum Segen sein lässt für andere. „Aber du, HERR, stehst mir bei wie ein mächtiger Held!" (Jeremia 20,11).

Lies Epheser 1,3–8.

Lebendig

„Und einige Frauen erlebten, wie ihre verstorbenen Angehörigen von Gott auferweckt wurden." Hebräer 11,35a

Ich denke an die Frau, die den Propheten Elisa aufnahm. Sie hatte vieles, was ihr Leben reich machte, nur eines fehlte ihr: ein Kind. Sie erlebt das Wunder, bekommt ein Kind, muss aber schon bald erleben, wie es ihr genommen wird: es stirbt. Und wieder greift Gott ein, macht das Unmögliche möglich. Er weckt das Kind von den Toten auf.

Gehen wir einmal in deine Familie hinein. Auch du brauchst ein Wunder. Da sind Angehörige, die sind geistlich tot, nicht gerettet durch Jesus. Du betest schon so lange, dass sie zum Glauben finden. Lege sie weiter oder wieder neu vor Jesus. Vertraue ihm, dass er Menschenherzen erreicht und das Unmögliche möglich macht. Jesus sagte einmal auf die Frage der Jünger: „Wer kann dann überhaupt gerettet werden?", als ein reicher, junger Mann nicht zum Glauben finden wollte: „Für Menschen ist es unmöglich, aber für Gott ist alles möglich" (Matthäus 19,16–26).

Vielleicht erlebst du aber auch, dass Beziehungen wie tot sind. Zwischen deinem Ehepartner und dir, deinem Kind und dir, deinen Eltern und dir. Jesus belebt neu. Lege ihm alles hin und bitte ihn, in das Tote sein Leben und seine Liebe hineinzulegen.

Lies 2. Könige 4,32–37.

Über den Autor

Benjamin Gies wurde 1979 in Schwelm im Bergischen Land geboren. Nach einer ersten Ausbildung zum Erzieher studierte er am Bibelseminar Wuppertal und wurde dann Pastor im Gemeindeverband Evangelische Gesellschaft für Deutschland (EGfD), in dem er nun seit 16 Jahren tätig ist.

2001 heiratete er Daniela, gemeinsam haben sie drei Töchter (12, 13 und 15 Jahre). Die erste Dienststelle erlebte das Pastorenehepaar in Bochum. Hier brachten zwei Gemeinden ganz unterschiedliche Herausforderungen mit sich: Benjamin und Daniela erlebten klassische Gemeindearbeit, aber auch die Wiederbelebung einer Gemeinde, die dem Aussterben recht nahe gekommen war.

Heute lebt Benjamin mit seiner Familie am linken Niederrhein, er ist Pastor der Stadtmission in Kleve. Er genießt es, an der frischen Luft zu sein, spazieren zu gehen, Fußball zu spielen und durch Städte zu bummeln.